TRAITÉ DE LA CONSTANCE DE IVST. LIPSIVS.

Auquel en forme de deuis familier est discouru des afflictions, & principalement des publiques, & comme il se faut resoudre à les supporter.

Augmenté outre la precedente Impression d'vn Epitome & d'Annotations en la marge.

AVEC DEVX INDICES.

A TOVRS,

Par CLAVDE de MONTR'OEIL, & IEAN RICHER.

M. D. XCIIII.

PREFACE DE I. LIPSIVS au Lecteur.

IE m'adresse icy à vous, Lecteur, côtre ma deliberation, & non contre mon opinion. Car ie n'ay pas seulement preueu dés le commencement ces iugements, mais aussi ie les ay predits: Il y en a qui disent que ie n'ay pas traitté ce subjet auec assez de pieté, & d'autres que ie n'ay pas parlé assez veritablement. Auec assez de pieté: pource que disent-ils, ie n'ay fait que le Philosophe, & que ie n'y ay pas meslé ce que i'ay peu & deu des saincts liures. Lequel aduertissement m'a esté tres-agreable, & tel que ie desire que soit en leur endroit ma simple & naiue response. Car i'ayme fort ceste ouuerte pieté qu'ils demandent sur tout, & ie remonstre seulement cela, c'est que premierement ils iettent à bon escient les yeux sur mon intention & mon but. Si i'ay deliberé de faire le Theologien, i'ay failly: & si c'est le Philosophe, pourquoy me blasment-ils! Nous tirons, disent-ils des esgouts, ce qui est permis de trouuer en la tres-pure source des lettres sainctes. Est-ce icy où ils m'attendoient? Mais ie proteste, & dis en saine conscience, que ie ne cognois point d'autre voye de salut, que celle qui meine par ce seul & droit sentier:

PREFACE

pour lequel trauerſer, toutesfois i'eſtime que les lettres humaines apportent quelque recreation, & auſſi de l'ayde. Ie ſçay que le conſeil de S. Auguſtin eſt, qu'il faut recueillir ce que les Philoſophes ont eſcrit, *Et l'ayāt oſté à ces iniuſtes poſſeſſeurs, l'approprier à noſtre vſage.* Ie l'ay voulu ſuyure, & ay-ie failly? I'euſſe failly, ie le côfeſſe, ſi i'euſſe corrompu ceſte miſtique liqueur de noſtre religion, par quelque vieille & puante lye. Au contraire ie m'y ſuis arreſté, & par ce nouueau ſoleil ie me ſuis auancé à purger & illuſtrer ceſte doctrine pleine d'ordures & peu nette. Qui eſt l'homme de bien qui ne le trouuera bon? Nous ſçauons qu'au combat le principal depend des gens de cheual & de ceux qui font ferme: pour cela m'eſpriſez-vous ceux qui vont à l'eſcarmouche? La principale loüange & conduitte appartient à l'architecte, quand il eſt queſtion de baſtir vne maiſon, & pourtant reiettez vous les manouuriers & ceux qui les ſeruent? Péſez icy le meſme, les lettres ſainctes ſont cauſes efficientes de la vraye force, vraye vertu, & ſolide Conſtance: & toutesfois ne deſpriſez pas du tout la Sapience humaine, i'entens celle qui n'eſt point arrogante: ains comme ſeruante ſert & obeït doucement. Nous amaſſons les pierres, le ciment & la chaux du vieil edifice de Philoſophie, qui eſt ruiné il y a long temps, n'enuiez point ce petit gain à l'architecte, & permettez qu'il eſtende ceſte matiere au moins aux fondemens. Il est vray que les sainctes lettres sont bien meilleures & s'en falloit ayder. Elles sont meilleures, ie le confesse: mais adioustez aussi qu'elles sont plus graues. Ie sens mes bras, & poise mes forces & mon art: pourquoy souffriray-ie que l'on me charge d'vn fardeau trop pesant pour moy? Ie laisse ces choses grandes & hautes aux Theologiens, c'est à dire, à ces grands & excellens personnages dont le nombre est grand en cest aage, que ma petite barque cherche les riues. Ie feray le Philosophe mais Chrestien. Car pourquoy resistent ils sur les paroles? Qu'ils ne regardét point au stille mais au sens, si la façon est commune, mais si c'est selon la verité. Car si le sens est bon, qu'importe en affaire tant difficile de quelle voile ou robbe, pourueu qu'elle soit honneste, ie l'aye couuert? S'il est faux, qu'ils le prennent. Aussi c'est ce que nous voulons, disent-ils, & que nous auez escrit non selon la foy: vous-vous esgarez de la vraye raison, & suyuez l'humaine, laquelle vo' exagerez & prisez trop auec les anciés. Qui moy? c'est possible selon leurs paroles, mais iamais à mon iugement. Car afin que vous ne vous trópiez, ie vous dis en vn mot que ie n'entends aucune pure & droite raison, si elle n'est conduite de Dieu, & qu'elle ne soit esclairee par la foy. Mais (bon Dieu) quelle nouuelle façon de surprise est-ce cy? ou en soy toute la sentence est bonne, rechercher occasion de calomnier sur vn ou deux mots? La raison mesme & par ses forces ne conduit pas à Dieu ny a la Verité; mais toutesfois comme en l'eau ou en vn bassin nous voyons l'Eclypse du Soleil, & ce par les rayons mesmes du Soleil obliquement & par vn certain destour; ainsi en ceste raison nous voyons les choses diuines: mais gardez-vous bien de penser que se soit autrement que par Dieu mesme. A ceste heure il faut parler du Destin & des fatalitez des meschans punis, afin que bien aduienne: si i'en ay fait la pointe trop viue, ou en ay pris ce que les autres auoient d'aigu, telle que peut estre se trouuera la sentéce prise de Boëce (au 2. liure chap. 10.) Ie desire que le Lecteur le lise & le prenne en bonne part. I'ay eu par tout vne bonne intétion, & si ceste langue humaine ou ma plume a chancelé en quelque autre endroit, ie desire n'estre pas chastié asprement. Car ie suis de ceux ausquels la pieté est plus au cœur qu'en la bouche, & qui ayme mieux la faire viuement paroistre par effect, que par paroles. Et ce siecle ne me plaist gueres (i'oseray dire) qu'il n'y en eut iamais vn plus fertile en religions, & plus sterile en pieté: Quelles disputes y a il par tout? quels debats? & quãd ils auroient tout fait, qu'ils aurõt par l'aille subtille de leur entédemét volé par le ciel & la terre, q sera-ce sinon qu'auoir *basty en l'air* auec le Socrate d'Aristophane? Vous auez, amy Lecteur, nostre breue preface, qui vous sera trop courte si vous

AV LECTEVR.

estes equitable, & assez longue quād mesme vous ne le seriez pas. Ie vous aduertis & enhorte soigneusemét, que ces nouueaux Domitians ne vous retirent & destournent de la vraye estude de Philosophie: lesquels non seulement (s'ils auoient le pouuoir & la force) la banniroient, mais aussi tous bons exercices. Lisez plustost ces premiers peres Grecs & Latins, ils sont tous en grandes troupes pour nous & ne portent seulement la modeste estude de Philosophie au Chrestien, mais l'y poussent par force & la font croire : & ie m'estimeray assez couuert du bouclier de leur authorité sans aucune autre raison cōtre ces Geans. Pourquoy louēray-ie la Philosophie plus amplement de paroles ? pour neant : car ainsi que la hauteur des montagnes n'aparoist pas de loin, mais quand vous en estes approchez, aussi sa lumiere ne se void que quand on la cognoist parfaitement. Or ne peut-elle estre cognuë sans la vraye Religiō, laquelle si vous ostez pour ne l'auoir pour guide, voilà ie confesse & dis tout haut, elle est vne mocquerie, vne vanité, vne resuerie. Tertullian a bié dit, *Qui est-ce qui cognoist la verité sans Dieu, & Dieu sans Christ ?* Ie finis & me repose à bon escient en ceste sentéce. Et ie desire que vous vous reposiez auec moy.

ā iiij

IE IVST. LIPSIVS, DEDIE
ET CONSACRE CE LIVRE AVX
Nobles, & Magnifiques Consuls, Senat
& peuple d'Anuers.

GRands Senateurs de ceste grande ville, il m'a semblé bon de vous donner & dedier ces liures que i'ay constamment escrits & poursuiuis de la Constance, estant au milieu des troubles de ma patrie. Vostre honnesteté, prudence, & vertu m'y ayant contraint: & aussi ceste humilité que i'ay cogneuë par effect, & dont particulierement vous vsez enuers les gens de bien & les doctes. Et comme ie pense ce present ne vous sera desagreable, & qui estāt peu de soy s'accroistra par ma bonne volonté: pourautant que i'ay presenté ce que en ce temps cy, i'auois de meilleur & plus excellent de tout mon reuenu des lettres. Et qu'aussi, peut estre, que ceste nouueauté le fera receuoir, pource que si ie ne suis trompé, nous sommes les premiers qui auons commencé à abbatre & faire ouuerture à ce chemin de Sapience long temps fermé & bousché d'espines, lequel chemin sans doute, est le seul qui conioint aux lettres diuines, puisse mener à la Tranquillité & Repos. Certainement i'ay tousiours eu enuie de vous gratifier & d'aider les autres, si les forces n'y sont, il est raisonnable que vous soyez equitables enuers moy, que ie le suis à l'endroit de ce grand Dieu, lequel comme ie sçay, n'a pas tout donné à vn seul. Soyez en santé.

LIPSIVS AV LECTEVR, TOVCHANT SON INTENtion & but de son escrit.

IE sçay bien, Lecteur, que plusieurs iugements & censures me sont preparez à ceste nouuelle façon d'escrire, soit de ceux qu'atteindra ceste inopince profession de Sapience, par celuy, qu'ils pensoient n'auoir trauaillé qu'aux plus plaisantes lettres, ou soit des autres qui ne font estat aucun, & ne tiennent conte de tout ce qu'en ce labeur on suit auec peine la trace des anciens. A tous lesquels il n'importe, & à vous que ie responde breuement. Les premiers me semblent errer en deux choses tres-diuerses, en peu de soin & en curiosité. En ceste cy, pource qu'il leur est auis que c'est à eux de recercher sans qu'on les prie, les estudes & actions d'autruy, & en peu de soin, pource qu'ils s'en enquestent peu soigneusement & diligemment. Car afin que ie me declare à eux, iamais ces collines & plaisantes fontaines des Muses ne m'ont tant

retenu du tout, que ie n'aye souuent tourné
les yeux & l'entendement vers celle Deesse
plus seuere. Ie dis la Philosophie, de laquelle l'estude mesme dés mon enfance m'a tant
pleu, qu'il sembloit que ie faillisse par vne
certaine ardeur puerile, de sorte qu'il me
failloit retenir comme auec la bride & la de-
faire. Mes precepteurs que i'auois lors à Co-
logne le sçauent bien: & que ces liures m'estoient ostez des mains comme par force,
ensemble aussi les escrits & memoires que
i'auois laborieusement extraits de la lie de
tous les interpretes. Et depuis ie n'ay point
changé, si qu'en tout ce cours de mes estudes, si ce n'a esté d'vne viue roideur & droite
ligne, toutes-fois ie sçay bien que i'ay tendu
à ce but de Sapience, parce que i'y estois côme ployé. Non pas suyuant la violence de
ceux qui philosophent ordinairement, lesquels pernicieusement addônez aux espines
des debats & l'accez des questions, ne font
autre chose que les tramer & retramer par
vn certain subtil filet de disputes. Ils s'accro-
chét aux paroles & prises trôpeuses, & vsent
tout leur aage à l'entree de la Philosophie
sans iamais en voir le dedans. Ils l'ont comme pour plaisir, non comme pour remede:
& tournent en certain ieu de badineries ce
tref-vtile moyen de se seruir en ceste vie.
Qui est celuy d'entr'eux qui s'enquiere des
meurs? qui est celuy qui modere les passiôs?
qui est celuy qui borne ou suiue vn moyen
pour la crainte, ou pour l'espoir? Et de fait

AV LECTEVR.

aussi ils ne pensent pas que la Philosophie ait esgard à cela, & croyent que c'eux qui s'y employent facent autre chose ou rien. Parquoy si vous voyez leur vie ou leur iugemét: vous trouerrez quant à la vie qu'il n'y a rien entre le vulgaire qui soit plus vilain:& quāt au iugement, qui soit plus sot. Car comme le vin qui sur toutes choses est le meilleur à la santé, est venin à quelques vns, ainsi leur est la Philosophie dont ils abusent. Mais i'ay bien vne autre intention: car destournant mon nauire des passages tortus de ces disputes, i'ay tourné toute ma plaine nauigation vers le seul port de l'esprit tranquille. Et i'ay voulu que ces liures fussent la vraye monstre de ces miens premiers labeurs. Mais, disent les autres, les anciens ont traité cecy mieux & plus amplement. En quelque partie ie le confesse, & ie le nie en cela qui concerne le tout. Si i'escriuois quelque chose des mœurs & des passions par cy par là, apres Senecque & ce diuin Epictete; Ie me iugerois auoir peu de courage & de honte. Mais si i'escris ce qu'eux n'y aucun des anciens n'ont touché (car ie le puis fermement acertener) dequoy s'ennuient-ils, ou qu'est ce qu'ils reprennent? I'ay cerché consolation aux maux publics, qui l'a faict deuant moy? Qu'ils voyent la matiere & l'ordre, ils confesseront cela m'estre deu, & quant aux mots (ie l'ose dire) nous n'en sommes point si pauures qu'ayons besoin d'en mandier d'aucuns. En fin qu'ils sçachent que i'ay escrit plusieurs

ã vj

LIPSIVS AV LECTEVR.

autres choses pour autruy, mais i'ay escrit ce liure principalemét pourmoy, ceux-là pour la reputation : cecy pour mon bien. Ce que qu'elqu'vn a dit iadis hautement & subtilement, *Peu de lecteurs me sont assez, vn m'est assez, & nul m'est assez.* Ie ne demande que cela, & que tous ceux qui touchent cecy qu'ils y apportent vn desir de cognoistre auec vne intention de supporter tout. Afin qu'ils me pardonnent si i'ay d'auanture glissé de quelque lieu, principalement quand i'ay lasché de monter en ces lieux plus hauts de la Prouidence, de la Iustice, du Destin. Car certes ce n'a iamais esté par malice ou opiniastreté, mais ç'a esté au moins vne foiblesse & esblouïssemét humain. Et pour estre enseigné d'eux, ie feray qu'il n'y aura personne tant prest à m'admonnester que moy à me corriger. Ie n'oste ou ne diminuë point les autres erreurs de mon naturel. Ie desire fort que l'obstination & le desir de debattre en soit eslongné, aussi ie le deteste. Bien vous soit (amy Lecteur) ie desire que par ce liure vous participiez à ma priere.

TABLE DES CHAPITRES
CONTENVS EN CE
present liure.

PReface & introductiõ auec quelque plaintes des troubles de Flandres.   Chap.1.folio.1.a

Faire de longs voyages ne profite de rien aux maladies interieures, cela ne les faict que faire paroistre sans les guerir, si ce n'estoit en quelque leger & premier mouuemẽt de passiõ. Ch.2.f.3.a

Que voyager n'oste point les pures maladies d'esprit ny les diminuë, ains plustost les renouuelle. Et pource que nostre esprit est malade en nous, il faut chercher le remede de la Sapience & de la Constance.   Chap.3.fol.5.b.

Definitions de Constance, Patience, Raison veritable, Opinion. Combien different & sont eslongnez l'Obstination & la Constance, la Patience, & le defaut de courage.   Chap.4.fol.7.b

De l'origine de la Raison & de l'Opinion, leurs forces & effects: Que l'vne conduit à la Constãce & l'autre meine à la legereté. c.5.f.9.a

Loüange à la Constance, auec vne serieuse exhortation à l'embrasser.   Chap.6.fol.12.a

Qui & en quelle quantité est ce qui trouble la Constance. Les Biens & les Maux sont externes. Il y a deux sortes de Maux, publics & priuez, & que les publics semblent estre plus dangereux.   Chap.7.fol.13.a

En ce chapitre les Maux publics sont combatus; mais auant toutes choses trois passions rabatuës, desquelles vient vne flateuse feinte, sous laquelle les hommes gemissent pour leurs propres maux comme les publics. Chap. 8. fol. 16. a

Declaration plus euidēte de la dissimulation & ce par exemples. Bref discours du vray pays. Et de la malice de ceux qui s'esiouyssēt des maux d'autruy quand ils en sont exempts. Ch. 9. f. 18. a

Ma complainte de ce que Langius m'a si librement tancé. A quoy est adiousté que c'est à faire à vn Philosophe. Essay de refuter ce qui a esté dit. L'obligation & Amour, enuers le Pays. Chap. 10. fol. 20. a

La seconde passion du trop grand amour vers le pays mal nommé Pieté, est refutee, ce qui est demonstré. L'origine de ceste passion. Et quoy, & quel est proprement & vrayement le pays. Chap. 11. fol. 22. a

La troisiesme passion temperee qui est la Pitié. Qu'elle est vicieuse. Pour s'esclarcir elle est distinguee de la Misericorde, comment & combien il en faut vser. chap. 12. fol. 26. b

Les empeschements estans ostez, on vient à chasser à bon escient les maux publicqs, que ie combatray par quatre principaux arguments. Premierement il sera icy parlé de la Prouidence laquelle on demonstrera estre ez choses humaines & les gouuerner. chap. 13. fol. 28. b

Rien ne se fait icy sans l'ordonnance de ceste Prouidence. Qu'elle enuoye les miseres aux peuples & aux villes, parquoy ce n'est pas faire religieusement que s'en tourmenter ou pleurer. En apres vne exhortation a obeyr à Dieu, contre lequel on combat en vain. Chap. 14. fol. 31. b

TABLE.

Nous sommes venus pour la Constance au second argument qui est pris de la Necessité. La force & vehemence de la necessité, qui est icy consideree en deux sortes, & premierement és choses mesmes. Chap.15.fol.34.b

Exemples de necessaire changement ou mort en tout le monde. Les cieux & elements seront convertis & periront quelque iour. Qu'il faut considerer le mesme és villes, nations & Royaumes. Finalement que tout va & vient icy, & qu'il n'y a rien de ferme & stable. Ch.16.f.35.a

Nous voicy à la Necessité qui vient du Destin. Le Destin en premier lieu est prouué. Le vulgaire & les Sages y ont adheré par un certain & vniuersel consentement, mais en partie n'en ont pas esté d'accord. Combien les anciens ont estimé qu'il y auoit de sortes de Destins. Chap.17.fol.38.b

Trois sortes de Destins expliquez breuement. La Definitiõ ou descriptiõ de tous. Les Stoïques doucement & brauemẽt excusez. Ch.18.f.41.a

Le quatriesme ou vray Destin expliqué. Bref discours de son nom. Par vn fil plus doux il est definy, & demonstré qu'il differe de la Prouidence. Chap.19.fol.44.b

Ce Destin est distingué & diuisé de celuy des Stoïques par quatre termes. Il est demonstré plus soigneusement comment il ne contrainct point la volonté. Aussi que Dieu n'est ny consentant ny autheur du mal. Chap.20.fol.47.b

Conclusion du traité du Destin. Aduertissement qu'il est plein de danger, & doute & qu'il

TABLE.

ne doit estre curieusement recherché. En fin vne exhortation serieuse de s'encourager contre la necessité.   chap.21.fol.50.b

On a accoustumé de cacher le Destin sous la coüardise, mais cela est descouuert. Le Destin agist par causes moyennes, parquoy il les faut admettre auec luy, comme il faut ayder, ou n'ayder point au pays. La fin de ce liure & de ce discours. chap.22. fol.52.b

Table du second liure.

Occasion du discours recommencé, acheminement au plaisant Iardin de Langius, & la loüange d'iceluy.   chap.1.fol.55.b

Loüange generalle des Iardins. Le labeur des Iardins est ancien & de nature. Que les Roys & grands personnages s'en sont meslez. Bref le plaisir que l'on y a est proposé aux yeux, & pourtant mon desir n'est point mauuais. chap.2. fol.57.a

Il est icy disputé contre certains curieux qui abusent des Iardins à vanité & oysiueté. Quel est le vray vsage d'iceux. Qu'ils sont propres aux Sages & Doctes, & qu'en iceux la sagesse est nourrie & esleuee.   chap.3.fol.59.b

Exhortation à la Sapience, que par elle on paruient à la constance. Et la ieunesse est à bon escient admonestee qu'elle ioigne les serieuses estudes de la Philosophie.   chap.4.fol.63.a

La sapience ne s'acquiert par la desirer, ains par y tascher. Retour au discours de la constance. Le desir d'apprendre estre bon signe en la ieunesse. *Chap.5.fol.65.b*

Le troisiesme argument pour la constance lequel est tiré de l'vtile. Les ruynes estre bonnes, soit que l'on en considere le commencement ou la fin, elles ont leur commencement de Dieu qui eternellement & immuablement bon, & partant n'est cause d'aucun mal. *Chap.6.fol.67.b*

Que la fin des miseres est tousiours conduite à quelque bien, combien que le plus souuent elle auient par meschans, & pour causes meschantes. Mais que Dieu brise & modere leur violence, tout est accommodé à nostre vsage, & en passant il est dit pourquoy Dieu se sert des meschans, pour l'execution des miseres. *Chap.7.fol.69.b*

Il est discouru plus distinctement de la fin de ces miseres. Qu'il y en a de trois sortes: Qu'elles elles sont, & à qui elles se rapportent. En aprés vn peu plus amplemẽt des trauaux qui aux gens de bien profitent en plusieurs façons, les asseurant, esprouuant, conduisant. *Chapitre 8. folio 73.b*

Du chastiment qui est la seconde fin, aussi est il monstré qu'elle nous profite doublement. *Chap.9.fol.76.a*

Finalement que la Punition est bonne & profitable, eu esgard à Dieu, aux hommes & à celuy qui est puny. *Chap.10.fol.78.a*

De la quatriesme fin, qui est douteuse à l'hõme, qu'elle touche à la conseruation ou ornemẽt de l'Vniuers, chasque chose est amplement expliquee. *Chap.11.fol.79.a*

TABLE.

Vieille & vulgaire obiection côtre la iustice diuine: Pourquoy les peines sont-elles inegalles? ceste recherche est fort eslongnee de l'homme, & est demonstree pleine d'impieté. ch.12.f.83.a

Toutesfois pour satisfaire aux curieux il est separément respondu à trois vieilles obiections: premierement à celle des Meschans impunis, & enseignons que delay leur est donné & non pardonné, & ce ou pour l'amour des hômes mesmes: ou pour certaine nature de Dieu qui est tradiue à punir. chap.13.fol.85.a

En apres il est demonstré qu'il y a plusieurs peines, & que quelques vnes sont occultes & internes, qui accompagnent la meschanceté, & que les meschans ne fuyent iamais, qui sont plus cruelles qu'aucunes externes. ch.14.fol.88.b

Aussi les meschans sont punis des peines apres la mort, & souuent aussi par les externes, comme il est prouué par exemples remarquables. chap.15.fol.90.b

Responce à l'autre obiectiõ, des incoulpables. Il est monstré que tous ont merité d'estre punis: pource que tous ont failly, & pource que c'est les vns plus, les autres moins. Il est tres-difficille à l'homme de le pouuoir dicerner. Qu'il n'y a que Dieu qui voye tous les forfaits, & pource il n'y a que luy qui les punisse tres-iustement. Cha.16. fol.93.a

Responce à la troisiesme obiection, des peines transferrees. Il est demonstré par exemple que les hommes en font bien de mesme. Quelles sont les causes en Dieu de transferer les peines : &

TABLE.

plusieurs autres choses d'assez curieuse subtilité. Chap.17.fol.95.b

Nous sommes venus au dernier lieu tiré des exemples, où il est monstré qu'il est profitable quelquefois de mesler quelque chose de gracieux à la medecine serieuse. Chap.18.fol.99.a.b

Que les maux publicqs ne sont pas tãt griefs qu'ils semblent. Ce qui est traité en premier lieu & brauemẽt, & demonstré par raison. On craint le plus souuent, mais en vain ce qui est auec les choses suruenantes, & on ne les craint pas elles mesmes. Chap.19.fol.101.a

Abord à la Comparaison, mais premierement les maux de Flandres & de cest aage, sont deduits amplement. Et ceste opinion est generalement refutee. Et demonstree que l'esprit humain est enclin à augmenter ses douleurs. Chap.20. fol.103.a

Cy apres cecy est plus proprement & expressément refuté, par la comparaison des maux du passé. Premierement des guerres, & de la merueilleuse deffaicte des Iuifs. Chap.21.fol.105.a

Des pertes en guerre des Grecs & Romains. Grand nombre de tuez par quelques chefs. Aussi le degast du nouueau monde. Et les miseres de la captiuité. Chap.22.fol.107.b

Les plus grands exemples de la peste & famine de iadis. Les grands subsides du temps passé. Les volleries. Chap.23.fol.109.

Quelques recits de cruautez & meurtres esmerueillables & surpassant toutes les meschancetez de cest aage. Chap.24.fol.112.

TABLE.

Nostre tyrannie est mesme plus legere: elle est demonstree estre de la nature ou de la malice des hommes: & qu'il y a eu iadis des oppressions interieures & exterieures. chap.25.fol.114.a

Finalement il est monstré que ces maux ne sont esmerueillables ny nouueaux. Qu'ils sont tousiours communs à tous hommes & à toutes nations, &c. chap.26.fol.117.a

Conclusion de tout le discours, & vne breue admonition de le renoir & y penser. chap.27. fol.118.b.b

FIN.

TABLE DES PRINCIPA-
LES MATIERES CONTE-
nuës en ce present liure.

A

Adage frequent aux Grecs 2.a
l'Ame est plus esleuee que le corps 9.b

B

le Bannissement n'est point grief 101.b
Biens qui ne sont point biens 14.a

C

la Captiuité estoit iadis amere & accomparee à la mort 109.a
Changement n'apporte point de soulagement 5.b
la Charité est enuers sa patrie 23.b
toutes Choses sont crees a chāgemēt 34.b
Constance que c'est 8.a vient de la patience 8.b a deux ennemis 13.b quelle est
sa force 12.a
le Corps est de terre 9.b
Cruautez esmerueillables qui furent iadis 112.a

D

Destin ne viole point les choses 46.b
Destin precede les causes moyennes
53.a
Destins de trois sortes 41.a des Mathematiciens *ibid.* naturel 41.b sont bons ou
mauuais sans miracle & par moyens accoustumez 53.b

TABLE.

Tout ce que Dieu veut est bon pource qu'il le veut 84.a il n'est sinon bien faisant & aidant 68.b est tousiours de mesme, sexe, & ferme 40.a c'est luy qui voit les forfaits & qui seul les punit 94.b

Difference entre la Prouidence & le Destin 45.b

la Douleur publique ne doit estre mise entre les passions 29.a qui vient à cause des maux publics est grande, pource qu'elle viét auec veheméce & se glisse sous ombre d'honnesteté 15.a

E

les Elemens perissent 36.b

F

FAmine 110.b
Fuite commun remede des troubles 2.b

G

des Guerres 105.b qui esueillent nos esprits 81.a

H

HOmere Poëte vrayement le plus sage de tous les Poëtes 40.b

il n'y eut iamais Homme sans peché 93.a
il ne se doit esleuer côtre la Prouidence 32.a
en l'Homme sont deux parties 9.a
les Hômes se pleignent plustost des maux priuez que publics 17.a
Humanité de Langius 1.b

I

IArdins & leur loüange, & que le soin d'en auoir est né auec nous 57.a antiquité de leurs labourages, & que de grands person-

TABLE.

nages s'y sont amusez 57.b ils sont propres pour nous destourner des soucis & pour prédre l'air, & iadis c'estoit la maison des sages 61.b propres pour mediter & composer 62.a

Iugemens que nous apportons en nos maux sont corrompus 77.b

L

Oüange de Langius 1.a

M

Aladie de l'esprit ne peut estre guarie par la force du lieu 4.a

nostre Malice se descouure és maux d'autruy 19.b

Maux publics sont bons 68.a viennent de Dieu *ibid.*

Maux des guerres ciuiles 1.b

Maux qui ne sont point maux 14.a sont de deux sortes publics & priuez 14.b

Meschans seruét à Dieu maugré eux 72.a

Miseres de deux sortes, simples ou meslees 70.a sont enuoyees pour exercer les gens de bien 73.b ornent & embellissent vniuers 80.b l'ont esté par tout le monde 18.a

Misericorde que c'est 27.b

Modestie est agreable à Dieu 85.a

le Monde s'enuieillit 37.b

N

la Necessité & quelle est sa force 34.a

O

Pinion que c'est 8.b vient de la terre & du corps 10.b est infirme & nous conduit à l'inconstance 11.a

TABLE.

P

du Pays, & qu'il s'eſtend plus loin que le commun ne penſe 19.a

Patience que ceſt 86. ſeparee de la coüardiſe *ibid.*

Patrie que ceſt proprement 27. b il la faut deffendre ciuilement *ibidem.* elle ne doit eſtre appellee du nõ de nos parens 22.b

la Pauureté ne nous eſt point dure 101.a

Peines diuines de trois ſortes 88.b. apres la mort 90.b

la Pieté eſt enuers Dieu & ſes parens 23.b

Pieté que ceſt 27.a

Prouidence diuine 31.a

Prouidence meilleure que le Deſtin 46.a

R

Raiſon que ceſt 8.b

Raiſon droite que ceſt 10.a nous mene à la Conſtance 10.b

S

Sageſſe de Langius 1.b

Sapience ne s'acquiert par le deſir 66.a

Simplicité eſt agreable à Dieu 85.a

des Subſides & la quantité d'iceux du temps paſſé 110.b

T

Troubles ſont par toute l'Europe 2.b nous ſuyuent & accompagnent 7.a

V

Vie des meſchans comparee à vne tragedie 87.b

Villes & leur ruine par tremblemens de terre 72.a

LE PREMIER LIVRE
DE IVSTE LIPSIVS DE la Constance.

Preface & introduction auec quelque plainte des troubles de Flandres.

CHAPITRE I.

L y a quelques annees que m'en allât à Vienne en Austriche, fuyant les troubles de nostre païs, ie me destourné (non sans la conduicte de Dieu) vers la ville de Liege, peu distante du chemin, en laquelle i'auois des amis, qu'il me faloit aller voir, tant pour la coustume q̃ pour le deuoir d'amitié ; Entre lesquels est Charles Langius, que

Loüange de Lagius.

A

sans faueur & feintise ie puis dire le plus homme de bien & le plus sçauant des Flamens, qui m'ayant receu en sa maison, n'a pas seulement allegé ma douleur par courtoisie & bien-veillance; mais aussi par vne sorte de discours, qui me furent profitables, & qui me seront tousiours salutaires. D'autant qu'il a esté celuy qui pour m'ouurir les yeux, la nuee de quelques opiniós vulgaires estát baliee, m'a móstré vne voye par laquelle sans destour, ie puis paruenir (afin que ie parle auec Lucrece) *Par la pure doctrine des Sages aux tẽples plus esleuez*. Car apres midy le Soleil estát fort ardét, le mois de Iuin estant bien aduancé, ainsi que nous nous promenions en la sale, il m'interrogua humainement (comme on fait) de mó voyage & de la cause d'iceluy: auquel ayant beaucoup raconté & librement dit au vray des troubles de Flandres, & des insolences des chefs & soldats, en fin i'adioustay que i'auois fait semblant de partir du pays pour vn autre subiect, mais que ceste seule occasion estoit celle qui interieure-

Son humanité.

Sa sagesse.

Lib. 2. ver. 8.

Maux des guerres ciuiles.

ment m'y auoit poussé. Aussi dis-ie, Langius, qui auroit le cœur si dur & de fer qui peust plus lōg temps suporter ces maux. Il y a (cōme vous voyez) tāt d'annees que nous sommes tourmentez par l'aspreté des guerres ciuiles, & comme en mer irritée, nous sommes agitez par plus d'vn vent de troubles & seditions. Est-ce estre en repos & tranquillité? Les trompettes & le bruit des armes m'importunent. Ay-ie enuie de m'aller esbattre aux iardins ou aux champs, le soldat & le voleur me rechassent en la ville. Partant Langius i'ay resolu, ayant laissé ceste desolee & mal-heureuse Flandres (le bon ange du pays me pardonnera) *de changer terre pour terre*, comme on dict, & de me retirer en quelque part que ce soit où *ie n'entende les faicts ny les noms des Pelopides*. Langius s'esmerueillant & comme tout esmeu, sera-il vray, dit-il, Lipsius, que tu te retires ainsi de nous? Ouy certes (dis-ie) de vous ou de ceste vie: aussi quel moyen y a-il de fuyr ces maux, qu'en fuyant? Car Langius, ie

C'est vn adage frequent aux Grecs.

ne les puis voir ni supporter tousiours.
Aussi n'ay-ie point l'estomach tant
couuert d'acier que ie ne les ressente.
A ce propos Langius souspira, & me
dit, ô debile ieune hôme & quelle foiblesse est-ce là? Ou qu'elle est vostre
intention de cercher le salut en la fuite, vostre païs est troublé & embrasé, ie
Les trou- le côfesse, mais où est l'endroit de l'Eu-
bles sôt rope qui en soit exempt? De sorte que
par tou-
te l'Eu- vous pouuez coniecturer ce que dit
rope Aristophane, *Iupiter haut tonnât met-*
qui me-
nacent *tra le haut en bas.* Parquoy ne faut fuir
vne e- le païs, mais les passiôs, & tellemét as-
uersion
ou con- seurer & affermir son courage, que
uersion. nous ayons repos au milieu des troubles & paix entre les armes. Et ie lay
respondy assez puerilement, Langius
Le com- il faut pluftost tout laisser, pource que
mun re-
mede les maux toucheront plus legerement
des trou- l'esprit ayant seulement esté ouys, que
bles est
en la veus, & auec cela nous serôs côme on
fuite. dit hors des traits & de la poussiere de
cest effort. N'oyez vous point comme
Homere nous admôneste prudémét,
Loing des coups que quelqu'vn playe à
playe n'adiouste.

Faire de longs voyages ne profite de riẽ aux maladies interieures, cela ne les fait que faire paroistre sans les guerir, si ce n'estoit en quelque leger & premier mouuement de passion.

CHAP. II.

LAngius ayant vn peu secoüé la teste dit, ie l'entens, mais i'aymerois mieux que vous entendissiez la voix de Sapience & de raison: car, Lipsius, ces broüees qui vous enuelopent sont de petites nuees prouenantes de la vapeur des opinions. Parquoy ie diray auec Diogenes, vous auez plus affaire de raison que de licol, de ce rayon dis-ie, qui pour illuminer vostre cerueau en dissipe le nüage. Vous abandonnez vostre païs? Mais dictes moy à bon escient en le fuyant vous fuyrez vous vous-mesme? Gardez que ce ne soit au contraire & que vous ne portiez auec vous comme en vostre estomach la source & l'entretien de vostre mal, comme ceux qui ont la fieure plains d'inquietude se tourmentent &

Cette opinion est refutee.

Que nous portons auec nous l'origine des troubles & de nos maux.

A iij

Lesquels ne s'en vôt par changement.
agittent d'vn costé & d'autre, & changent soudainemét de lict ayāt vn vain espoir d'allegemét, en mesme maniere estans malades d'esprit pour neant nous chāgeons de terre en terre. Cela est descouurir sō mal & nō l'oster, faire paroistre ce feu interieur & non y remedier. Le Sage Seneque Romain a bien dit, *Le malade ne peut rien endurer long temps, veut vser de changemēs cōme de remedes.* Cause que l'on entreprend des voyages sans arrest, on va errant par les riuages, & la legereté qui nuit tousiours aux choses presentes, s'essaye tantost en la terre, tātost en la mer. Ainsi vous fuyez les troubles & ne les euitez pas. Comme la Biche de Virgile,

Qui surprise est blessee aux forests de Candie
Par le Pasteur tirant:
---brossé fuyant les buissons Ditteans.

En vain, comme ce Poëte adiouste
Tousiours au flanc elle a le traict mortel.

Ainsi vous qui estes du tout blessé de ce traict de passions ne le secoüez pas, ains vous le trāsportez auec vous. Celuy qui s'est rōpu vn bras ou vne iambe ne demande (comme ie croy) de monter à cheual ou aller en chariot, mais le Chirurgien. Qu'elle est vostre vanité que vous pensez guarir ceste playe interieure, par vous mouuoir & aller deçà & delà. C'est certainement l'esprit qui est malade, & toute ceste foiblesse exterieure, desespoir & langueur, viennent d'vne mesme source, pource que l'esprit est languissant & abattu. Ce Prince, ceste partie diuine a ietté son sceptre & s'est renduë si abiecte qu'elle sert de son gré à ses serfs. Dictes moy que fera en cecy le lieu ou le mouuement? Sinon que par hazard il se trouue quelque pays, qui rabatte la crainte, qui modere les esperances, qui chasse hors ceste corruption de vices dõt nous sommes profondement imbus. Il ny en a point, ny mesmes aux Isles des bien-heureux, s'il y en a quelqu'vn enseignez le moy afin que nous nous assemblions tous pour y aller. Mais vous me direz que ce mouuemẽt & changement ont ceste force, & q̃ la continuelle nouueauté que l'on void, tant de façons de fai-

Car cest vne maladie de l'esprit.

Laquelle ne peut estre guarie par la force du lieu.

Ny aussi par le chãgement.

re, que d'hommes, & de lieux, resiouït
& remet l'esprit abatu; vous errez, Lipsius : car afin que ie die serieusement
ce qui en est, ie ne mesprise point tant
de faire des voyages, que ie n'aduoüe
que par ce moyen on peut beaucoup
sur soy & sur ses passions. Ce qui est,
Côbien qu'il oste ou plustost qu'il adoussir les fascheries que nous auons. mais encores qu'ainsi on destourne
quelques legeres fascheries & desdains, si n'efface-on pas les maladies
qui penetrent plus auant, d'autāt qu'il
n'y a aucune medecine exterieure qui
puisse atteindre iusques là. Le chant, le
vin, le sommeil, ont souuent guery ces
petites esmotions de cholere, de douleur & d'amour; mais iamais ceste maladie qui a pris pied & s'est enracinee.
Le semblable aduient en cecy : car en
voyage on guarira quelque legeres
douleurs & nõ les vrayes. Pour ce que
ces premiers mouuemens issus du
corps tiennent encor' aucunement au
corps ou par maniere de dire en la superfice de l'esprit, ce n'est pas merueille, si on les efface en passant legeremēt
l'esponge par dessus, ce qui n'aduient
pas ainsi des passions enuieillies, les-

quelles ont non seulement leur place en l'esprit: mais regnent en l'entendement. Quand vous aurez beaucoup & long temps couru, que vous aurez circuy la mer & la terre, vous ne les effacerez de l'eau d'aucune mer, & ne les enseuelirez sous aucune terre. Elles vous suiuront, & pour parler auec le Poëte, *A cheual ou à pied le soucy te suiura.* Socrates interrogué de quelqu'vn pourquoy il ne luy auoit rien serui de voyager, respondit tres-bien, *Pource que tu ne t'es point abandonné.* I'en diray icy de mesme. Et en quelque lieu que vous pesiez fuir vous aurez pour mauuaise compagnie vostre esprit corrompu qui vous corrompt. Pleust à Dieu qu'il ne vous face que compagnie, mais ie crains qu'il ne vous commäde, d'autant que vos passions ne vous suyuront pas, ains elle vous emporteront.

Mais les vrayes & inueterees passions ne s'adoucissent point par ces choses externes.

Que voyager n'oste point les pures maladies d'esprit ny les diminuë, ains plustost les renouuelle. Et pource que nostre esprit est malade en nous, il faut cercher le remede de la Sapience & de la Constance.

CHAP. III.

Il vient au deuãt d'vne objection. Qu'il semble qu'il y ait au chãgement quelque soulagement qui toutesfois n'y est point. Au contraire par icelluy les maux sõt augmẽtez.

VOus direz donc. Voyager ne destourne pas les vrayes maladies, les chãps q̃ l'on void, ces fleuues & ces montagnes ne destournẽt point le sentiment de vostre douleur? Quelquefois cela les eslongne & rabat, mais ce n'est pas pour long temps ny pour bien. Comme les yeux ne se plaisent long temps en la peinture tant soit-elle excellente, ainsi toute ceste diuersité d'hommes & de lieux nous entretient par sa nouueauté, mais pour vn peu de temps. C'est vn destour des mal-heurs & non vne fuite: Et voyager ne deslie pas la chesne de douleur, ains seulement la relasche. Or que me sert-il si ie voy tãt soit peu la lumiere & que puis apres ie sois enfoncé en vne plus estroicte prison ? Il est certes ainsi. Toutes ces voluptez externes preparent des embusches à l'esprit, & faisant semblant de guerir blessent d'auantage. Comme les medicaméts moins forts lesquels au lieu d'attirer l'humeur peccante l'esmeuuent. Ainsi ce vain plaisir augmente & irrite en nous ce desbord de cupiditez, l'esprit ne se destourne longuement de soy-mesme, mais comme malgré soy il est poussé en sa demeure & en l'ancien domicile des maux. Vous serez ramené en pensee en vostre païs en voyant les villes & les môtagnes, & au milieu de vos contentemens, vous verrez ou entédrez ce qui vous rafraischira le sentiment de vostre douleur. Que si vous auez vn peu de repos il passera aussi tost que le dormir : & estant esueillé serez en la mesme ou plus grande fieure. Certaines cupiditez interrompuës croissent, & les interualles augmentent leurs forces: Lipsius, laissez toutes ces vanitez voire dommages, non remedes

A vj

mais venins, & embrassez les choses vrayes & seueres, changez vous de soleil ou de pais? Nō mais plustost d'esprit que mal à propos vous auez rendu serf des passions, l'ayant distrait de la raison qui est sa Dame lige. De la corruption de vostre esprit, vient vostre desespoir, & de son trouble vostre langueur. Il faut que vous le changiez & non le lieu, & ne deuez tascher d'estre autre-part, ains de deuenir autre. Vous bruslez de desir de voir ceste fertile Hongrie, ceste fidelle & forte Vienne, & ce Danube Roy des fleuues, & tant de merueilles & nouueautez qui enleuent par les oreilles les cœurs de ceux qui en oyent parler, mais combien vous seroit-il plus expedient que ceste violence & cupidité vous agitast pour le subiect de la Sapience? Si que vous penetrassiez iusques dans ses champs fertiles? Que recerchassiez l'origine des cōuoitises humaines? Et que vous esleuassiez des remparts & deffences par lesquelles vous chasseriez, & vous deffendriez des assauts des cupiditez? Car voicy

Mais le vray remede, est le chāgement d'esprit.

Du soin curieux que nous auons de voyager vers les choses loin-taines. Qu'il se roit meilleur de songer aux choses internes, & de cercher les choses graues que les agreables.

les remedes de vostre mal tout le reste n'estant que côme vne compresse & fomentation. Il ne vous seruira de rien de vous en aller. Rien

--- fuir de tant de villes Grecques
Et passer en fuyant à travers l'enne-
my.

Vous trouuerez l'ennemy chez vous, & frapant la poitrine vous le trouuerez dedans cest enclos. Que vous seruira la paix du lieu ou vous arriuerez, vous trainez la guerre auec vous, s'il y a de la tranquilité vous auez les troubles autour de vous & mesmes en vous. D'autant que cest esprit troublé combat & combattra tousiours contre soy-mesme conuoitant, fuyant, esperant & desesperant. Et *comme ceux qui de crainte tournent le dos, estans descouuerts & tournez s'exposent d'auantage au danger, ainsi est il des nouueaux & apprentifs qui n'ont iamais encor' combattu contre les passions, mais seulement les ont fuyes.* Parquoy vous qui estes encor' ieune si vous me croyez vous demeurerez stable, & vous affermirez côtre la douleur qui

Car les troublesnō fuyuent, & accōpagnēt.

Qu'il faut resister & combatre contre la

LE PREMIER LIVRE

douleur vous fait la guerre : or auez vous sur
auec les tout besoin de Cōstance: car quelques
armes vns ont vaincu en combattant, mais
de la cō iamais en fuyant.
stance.

Definitions de Constance, Patience, Rai-
son veritable, Opinion. Cōbien diffe-
rēt & sont eslongnez l'Obstination
& la Cōstance, la Patiēce, & le de-
faut de courage.

CHAP. IIII.

Langius, ie suis (ce di-ie) aucune-
mēt redressé par vos discours, vos
aduertissemēs sont grāds & excellens,
& desià ie tasche à m'affermir & releuer, mais c'est par vn vain effort, ainsi
qu'il aduient à ceux qui sont trauail-
lez de songes: Or Langius sans mētir
ie retourne de mesme sorte en mon
païs, & les affaires tāt publiques que
particulieres sont fichees en mon entendemēt, vous, si pouuez, chassez ces
meschans oiseaux qui me bequettent,
ostez moy ces liens de solicitude, desquels ie suis estroictement lié sur ce

Caucase. Langius d'vn visage ioyeux, Ie les osteray (dit-il) & nouuel Hercules ie delieray ce Promethee, oyez seulemēt & entendez, Lipsius ie vous ay attiré à la Constance, en laquelle i'ay posé vostre esperance & appuy. Parquoy auant toutes choses il nous la faut cognoistre. I'appelle Cōstāce la *iuste & ferme force d'vn esprit qui n'est point esleué ou abaissé de ce qui est externe ou fortuit.* I'ay dit Force, & i'entēs ceste fermeté nee en l'esprit nō par l'opinion, ains par le iugemēt & droicte raison. Car ie veux sur tout bannir l'opiniastreté (que l'on peut mieux dire obstination) qui est vne force de l'esprit obstiné mais elle est causee par la vanité d'orgueil ou de gloire. Elle est force en partie, pource que ces opiniastres & obstinez ne s'abaissent pas aisément, ains s'esleuent tres-facilement, ne plus ne moins qu'vn ballon qui plain de vent est difficilement enfoncé en l'eau, & de soy-mesme sort dehors & se tient dessus. De tels est semblable la vaine dureté qui prouiēt d'vne esmotion superbe, & de trop d'e-

Il vient à l'explicatiō de la Constāce.

Que c'est, p̄remēt qu'elle est.

stime de soy, & partant de l'Opinion.
Or la vraye mere de Constance est la
Patience & l'humilité d'esprit, que ie
definis, *Le suport volōtaire et sans debat, de ce qui aduiēt à l'hōme ou luy eschet d'ailleurs* Qui receu par droicte
raison, est ceste racine sur laquelle se
souftiēt la grandeur de ceste belle force. Gardez biē que l'opinion ne vous
en face icy accroire, qui au lieu de Patience suppose souuent le defaut de
courage & la couardise d'vn esprit
matté, qui est veritablement vn vice
qui vient du peu d'estat que l'on faict
de soy. Or la vertu prend le milieu du
grand chemin & prend curieusement
garde qu'en ses actiōs rien ne defaille
ou excede : Car elle se conduict à la
balance de l'vnique Raison, qui luy
est pour l'esprouuer ainsi que regle &
equerre. Et la vraye raison n'est autre
*qu'vn iugement vray & cognoißance
des choses humaines & diuines, entant
qu'elles nous touchēt. A laquelle cōtrarie l'Opinion, qui est vn leger &
trompeur iugement.*

L'origine de la Constāce vient de la patience.
Qui est ainsi definie.
Doit estre separee de la couardise.
La Cōstance tient le milieu & le peu de compte qu'on fait de soy, & ce par la conduite de la raison.
Que c'est q la raison.
Que c'est qu'Opinion.

De l'origine de la Raison & de l'Opinion, leurs forces & effects. Que l'vne conduict à la Constance & l'autre meine à la legereté.

CHAP. V.

MAis pource que comme de ces deux chefs (i'entés l'Opinion & la Raison) vient non seulement la force ou infirmité d'esprit, mais aussi toutes les loüanges ou blasmes en ceste vie, ie penseray faire beaucoup pour le bien & profit, si ie discours vn peu plus amplement de l'origine & nature de l'vne & de l'autre: car *ainsi qu'auant que la laine soit tainte en sa derniere & haute couleur, il faut qu'elle soit abbreuuee & preparee par d'autres.* Par ces auant discours (Lipsius) ie feray ainsi à vostre esprit auant que le teindre à bō escient de ce beau pourpre de Constance. Vous sçauez bien qu'il y a deux parties en l'homme, l'ame & le corps. Elle est la plus noble qui represente l'esprit & le feu, l'autre

Il discourt de l'vne & de l'autre plus amplement.

Deux parties en l'hōme.

plus vile qui represente la terre. Elles sont ioinctes enseble par vne certaine concorde discordante, & ne s'accordent pas facilement, principalement estant question de commāder, ou d'obeir. Chacune veut commander, & sur tout celle à qui il appartient le moins. La terre tasche de s'esleuer par dessus son feu, & ceste fāge par dessus le ciel. De là viennent en l'homme les debats, troubles, & comme des continuelles guerres des parties qui combattent l'vne contre l'autre, qui ont ainsi que chefs & Capitaines la Raison & l'Opinion. La Raison est pour l'ame & fait son effort en l'ame, & l'Opinion pour le corps combat en iceluy. La Raison a son origine du ciel voire mesme de Dieu, & Seneque l'a magnifiquement declaree, *Vne partie de l'esprit diuin infuse en l'hōme*: car elle est ceste excellēte force d'entendre & de iuger. Laquelle est la perfection de l'ame, cōme l'ame est la perfection de l'homme. Elle est appellee entendement, & par vn nom conioinct l'entendemēt de l'ame, & afin que ne fail-

L'ame est plus esleuee.
Le corps est de terre.

Le cōbat qui est entre deux parties.

La Raison cōbat l'ame, & l'opiniō le corps

liez pas, toute l'ame n'est pas toute
droicte Raison, mais bien ce qu'elle a *Que c'est q̃*
en soy d'vniforme, simple non meslé, *droicte*
separé de toute lie & ordure, & pour *Raiſon.*
le dire en vn mot, tout ce qui est en elle de celeste. Car bien que l'ame soit *Qui vit*
corrompuë & gastee griefuement de *iours de*
la tache du corps & contagion des *quelque*
sens, toutesfois elle retient grande- *façõ en*
ment quelques traces de son origine, *l'hõme.*
& les reliques de ce premier & pur
feu y reluysent clairement, de là vient
que mesmes les meschans & abandõ-
nez sentent des espoinçonnemens, ri-
gueurs & remords de conscience, &
qu'en despit d'eux ils approuuent vne
vie meilleure. Et peut ceste plus saine
& saincte partie, estre foulee, mais
non pas ruinee, & ceste bruslante fla-
me couuerte & non esteincte. Car ces
petits feux reluisent & estincellẽt tousiours, esclairent en ces tenebres, net-
toyẽt en ces ordures, addresſẽt en ces
destours, & conduisent à la Constance
& à la vertu. Comme le soucy, & quelques autres fleurs de leur naturel,

LE PREMIER LIVRE

Droicte raison est constāte & uo⁹ meme à la constā-ce.
Sa louā-ge & dignité.

se tourne vers Dieu & son origine. Elle est ferme & immuable en bien, ayant tousiours vn mesme sentiment, desirant ou fuyant tousiours vne mesme source & fontaine de tout bon Conseil & sain iugement, à laquelle obeir est commander, & se rēdre subiect est surmonter toutes choses humaines. Car celuy qui l'a escoutee a donté les cōuoitises & rebelles mouuemēs de son ame, & qui la suit comme Thesee suiuit le fil, il yra seuremēt par les labyrinthes de ceste vie sans s'esgarer. Dieu mesme par ceste image de soy, vient à nous, voire, & qui est encor' de plus pres entre en nous : & cestuy la a tresbiē dit qui a dit, *il n'y a point de bō esprit sans Dieu.* Or la par-

L'origine de l'opinion vient de la terre & du corps.

tie fuyante & non saine(ie dy l'opinion) doit son origine au corps, c'est à dire à la terre, & pourtant elle ne ressent rien que sa terre. Le corps est par soy immobile & sans sentiment, toutesfois il reçoit de l'ame la vie & le mouuement, & par les fenestres des sens donne à l'ame les images des sujets. Et par ainsi est faite entre le corps

& l'ame vne certaine communion & compagnie, bien que ceste communion si on considere sa fin ne soit guere bonne pour l'ame: car par ce moyé peu apres elle est abaissee de son plus haut degré, & est amenee & meslee parmy les sens, & de ceste impure rēcontre naist en nous l'Opinion, qui n'est rien qu'vn ombre & vaine image de la Raison: Son siege est és sens, & sa source en la terre, partant elle est abiecte & de peu, elle ne s'esleue point, ny se hausse, & ne considere rien de grand ny de celeste. Elle est vaine, incertaine, trompeuse, mal conseillante, mal iugeante, & sur tout elle despouille l'esprit de Constance & de Verité. Ce qu'elle desire auiourd'huy la en haine le lendemain, elle approuue cecy & condamne cela, & tout sans iugement, permettant tout au corps & aux sens, afin de leur gratifier. Et comme l'œil qui regarde à trauers la nuee ou l'eau, apperçoit faussement les obiects, de mesme en aduiét à l'esprit qui considere par les nuages de l'Opiniō. Si vous la cōsiderez vo⁹ la trouuerez

Cómēt elle est nee de ceux la.

L'opinion est infirme & nous cōduit à l'incōstance.

estre la mere de tous maux en l'homme, & cause en nous la vie confuse & troublee : Elle est occasion des soucis qui nous tourmétent, que les passions nous diuertissent, & fait que les vices nous commandent. Parquoy comme ceux qui veulent oster la tyrannie de la ville, razent premierement la citadelle, ainsi si nous nous radressons à bon escient, vers nostre bon sens & entendement, nous ruinerons le fort des Opinions; autrement nous flotterons tousiours auec, serons en doute, nous nous plaindrons, nous serons estonnez, iniustes tant enuers Dieu qu'enuers les hommes. Côme le nauire vuide & delaissé est demené sur la mer par tout vent, ainsi l'entendement vague se gette en nous, pource qu'il n'est point affermy par la charge & contrepoix de la Raison.

Loüange de la Constance, auec vne serieuse exhortation à l'embrasser.

CHAP. VI.

DOnc côme vous voyez (Lipsius) la legereté est côpagne de l'Opinion; son propre est de changer & de se repentir: mais la compagne de Raison est la Constance, & à bon escient ie vous enhorte d'en vestir vostre esprit. Pourquoy allez vous apres ce qui est vain & externe? C'est icy ceste seule Helene qui vous donnera à boire le vray Nepenthe (herbe qui chasse la melancholie beuë auec du vin) en qui est l'oubly de tout chagrin & douleur. Que si vous le laissez couler pour vo⁹ en humecter, vous serez haut esleué & planté ferme contre tout hazard, tousiours en mesme estat, n'estant point pour aller haut ou bas comme en la balance, & vous attribuerez ceste grãde force tant iointe à Dieu *de n'estre point esmeu.* N'auez vous point veu aux deuises & armes de quelques Roys d'aniourd'huy ceste braue & desirable deuise (*Ny par espoir ny par crainte?*) Elle vous sera fort propre, vrayement Roy, vrayement libre, seulement subiect à Dieu, libre du ioug des passions & de fortune. Ainsi que

Aduertissemét à la Cóstance.

Sa force & son fruict.

Principalemét cótre la douleur & les troubles.

quelques riuieres que l'on dit qui paſſent à trauers la mer ſans ſe meſler, vous paſſerez parmy ces troubles vniuerſels, ſans prendre aucune ſaleure de ce grand Ocean de douleurs. Si vous eſtes renuerſé, la Conſtāce vous releuera, vous ſerez esbranlé elle vous aſſeurera: vous ſerez preſt d'eſtre noyé ou eſtranglé elle vous conſolera & ramenera de la porte de la mort. Eſchappez vous ſeulement & vous redreſſez, & guidez voſtre nef à ce port, auquel eſt toute ſeureté, & où la paix demeure, & où eſt la frāchiſe & Azyle de tous troubles & ennuys. Auquel ſi vous vous addreſſez ſeulemēt, bien que voſtre païs ſoit nō ſeulemēt troublé, mais renuerſé, ſi demeurerez vous ferme ſans eſtre esbranlé. Que les orages, les foudres, & les tempeſtes tombent à l'entour de vous, vous direz d'vne voix haute & vraye,

—— *tranquille au millieu des ondes.*

Qui

Qui & en quelle quantité est ce qui trouble la Constance. Les biēs & les Maux sont externes. Il a deux sortes de Maux, publiques & priuez, & que les publiques semblent estre plus dangereux.

Chap. VII.

Langius ayant dit cela d'vne voix & visage plus rude que de coustume, vne estincelle de ce bon feu me vient surprendre. Mon pere, ce dis-ie, (vrayement vous puis-ie ainsi appeller sans flatter) menez moy où il vous plaira, enseignez moy, corrigez moy & m'addressez. Vous auez vn malade preparé à tous remedes, quant mesme il seroit question d'appliquer le fer ou le feu. Aussi faut-il l'vn & l'autre dit Lāgius, pource qu'en d'aucuns endroits il faut brusler les estoupes des vaines opinions, & en d'autres il faut couper iusques à la racine la tige des passions. Mais nous promenerons nous encor, ou s'il seroit point plus à

B

propos de s'asseoir. Il vaut mieux s'asseoir, dy-ie, car ie commence a auoir chaud, non pour vne seule occasion. Et comme Langius eut commandé qu'on apportast des sieges en la sale, & que ie me fus assis aupres de luy, se retournāt vn peu vers moy, recōmença ainsi. Lipsius, i'ay iusques à ceste heure ietté comme les fondements sur lesquels nous pourrons aisément & en seureté bastir à l'aduenir nostre discours. Maintenant s'il vous est aggreable i'approcheray plus pres & rechercheray la cause de vostre mal, &

Deux ennemis de la Constance. comme on dit ie toucheray du doigt vostre vlcere. Il y a deux ennemis qui assaillent en nous le fort de Constance. Les Biens qui ne sont point biens, & les Maux qui ne sont point maux. I'appelle tels les biens & les maux, *Ceux qui ne sont point en noꝰ, mais autour de nous, & qui propremēt n'aydēt ny offencent cèt hōme interieur qui est l'esprit.* Parquoy ie ne diray point de fait & par raison ces biens & maux estre bien ou mal, ie confesseray pourtant qu'ils le sont en opinion, & selon

DE LA CONSTANCE. 14

vne certaine pensee vulgaire. On met du rang des biens non biens; Les richesses, Les honneurs, Le pouuoir, La santé & la longue vie. Et des maux non maux; La pauureté, Le deshonneur, Le peu de credit, La Maladie, La Mort; Et pour le dire en vn mot tout autre infortune & accident extreme. Les quatre capitales passions qui entretiennent ou perdent toute la vie humaine, prennent leur origine de ces deux tiges, à sçauoir, La cōuoitise & la Ioye, La Crainte & la Douleur; desquelles, deux ont pour subiet quelque bien selon l'opinion & naissent d'iceluy, les autres ont le mal. Toutesfois elles offencent & troublēt l'esprit, & si on n'y préd garde le renuersent de son estat, & non pourtant en vne mesme sorte. Car veu que son repos & Constance est comme en vne egale balance, elles l'ostent de ce cōtrepois esgal, les vnes le haussant les autres l'abaissant. Mais ie laisse icy les biens non biens, & l'exaltation de l'esprit, (d'autant que ce n'est pas vostre mal.) Ie viens aux Maux nō maux,

Les biés qui ne sont pas biens.

Les maux qui ne sont pas maux.

Quatre passions principales opposees l'vne à l'autre, ausquelles les autres se referét.

Cōme c'est qu'elles troublent la cōstāce

Les biés qui ne sont point biés par conuoitise, & ioye.

Les maux q ne sont point maux p crainte & douleur.

B ij

lesquels sõt de deux sortes. Il y en a de publiques, Il y en a de particuliers. Ie remarque & definis icy les publiques, *Qui en mesmes tẽps touchẽt à plusieurs.* Les priuez, *Qui touchent aux particuliers.* Les publiques sont, La guerre, La peste, La famine, La Tyrannie, Les Massacres, & tout ce qui est dehors & touche le commun. Les particuliers sont, la douleur, l'indigence, le deshonneur, la mort & tout le mal comme domestique que nous voyons aduenir à chacun. Ie ne les distingue point ainsi sans cause : car à la verité on est touché d'vne autre façon, & on lamente d'autre sorte pour la calamité du pay, sou pour le bannissement & ruyne de plusieurs, que l'on ne faict pour son propre & particulier dommage ; aussi que de là il suruient plusieurs autres maux, mais si ie ne me trõpe les premieres causent des douleurs bien plus griefues & difficiles, la pluspart de nous estans subiects aux maux publicqs, ou pource que tout d'vn coup ils suruiennent & renuersent comme en bataille rangee cil qui

Les maux non les maux, sont de deux sortes. Publics Priuez.

La douleur qui vient à cause des maux publics est grãde pour ce que elle viẽt anecvehemence.

DE LA CONSTANCE. 15

resiste, ou biē pource qu'ils nous flattent auec telle palliation, que souuent nous ne sentōs pas naistre la maladie en nos esprits. Et pour ceste cause il faut que celuy qui s'est laissé vaincre à la douleur particuliere confesse son vice & imbecilité, mesme quant il ny mettroit point ordre: car quel moyen a-il de s'excuser? Mais on se laisse tellement aller à la publique que souuēt on ne cōfesse sa hōte ou erreur, qu'au contraire on s'en vente & le tient on à honneur: car on estime cela Pieté & Pitié, & ne s'en faut guere q̄ ceste fieure que cause le mal publicq ne soit mise entre les vertus & nombree entre les puissances diuines. Les Poëtes & Orateurs parcy par là la loüēt, & imprimēt és cœurs ce bouillāt amour du païs: & ie ne les reiette point du tout: mais i'estime & sçay bien qu'il le faut temperer & moderer. Aussi à la verité c'est vn vice, c'est vne intemperance, & vn rabaissement & cheute de son degré à l'esprit. Et d'autrepart c'est vne griefue maladie: car il n'y a point en cela vne seule douleur, mais confu-

Pource qu'elle se glisse soubs ombre de l'hōneste.

Pource aussi qu'elle est variable.

B iij

sémeut la voſtre & celle d'autruy y ſont. Et celle d'autruy eſt double, tant à cauſe des hommes qu'à cauſe du pays. Et afin que vous entendiez par exemple ce que ie dis & diſtingue ſubtilement. Voyez voſtre Flandre qui n'eſt point ſeulement oppreſſee d'vne ſeule calamité, mais eſt enuironnee de toutes pars des feux des guerres ciuiles, vous voyez en pluſieurs endroits les champs eſtre gaſtez & ruynez, les villes eſtre bruſlees & renuerſees, les hommes eſtre rançonnez & tuez. Les femmes d'honneur eſtre violees, les vierges deshonorees: & tous tels malheurs qui accompagnent la guerre. N'eſt-ce point icy voſtre mal, vn mal vrayement diuers & diuiſé ſi vous y prenez garde, pour ce que vous gemiſſez ſur vous & ſur vos citoyens & ſur voſtre pays. Sur vous, vous plorez voſtre perte. Sur vos citoyẽs, leurs hazards & leur mort: & ſur le pays le changement & renuerſement d'eſtat: d'vn coſté vous auez dequoy vous plaindre, *Moy miſerable.* de l'autre: *tant de mes citoyens.*

Et ce mõſtre par exẽple.

*Auez esté pressez de la Peste enuoyee
Par la main ennemie ----*
Et d'vn autre costé *O mon pere,ô mon pays.* De sorte qu'il est necessaire que qui n'est esmeu par cecy, & sur lequel le coin & le maillet de tant de maux penetrans n'a peu entrer, soit extremement sec, ou bien sage, ou du tout endurcy.

En ce chapitre les maux publiques sont combatus: mais auant toutes choses trois passiōs rabatuës, desquelles viēt vne flateuse feinte, sous laquelle les hōmes gemissent pour leurs propres maux comme pour les publiques.

Chap. VIII.

Qvoy Lipsius, ne semble il pas q̃ ie me retire du droit que ie dois à ma Constance, & que ie prenne encor en main la cause de vostre douleur? Mais i'ay fait ainsi que les vaillans & asseurez Capitaines, i'ay attiré aux champs, & en bataille toutes vos forces, contre lesquelles ores ie com-

B iiij

battray vaillamment. Premierement,
par souz main & menees, puis comme à guerre ouuerte & enseignes des-
ployees. En premier lieu il me faut
deffaire trois passions qui sont fort
cótraires à nostre Cóstance. La dissimulation, la pieté, & la pitié. Et il
commença ainsi, Vous dites que vous
ne pouuez suporter les maux public-
ques, qu'ils vous sont cause de mal &
de mort. C'est assez, le dictes vous à
bon esciét: ou s'il y a icy quelque trō-
perie ou abus? Mais estant vn peu plus
esmeu, ie luy dis, le demandez vous
vous-mesmes à bon esciét? Ou si vous
vous mocquez de moy, ou si vous me
voulez attirer en dispute? Ouy vrayment, dit-il, ie parle à bon escient. Car
il y en a plusieurs en telles maladies
qui en font accroire aux medecins, &
font semblant que leur mal est causé
du mal-heur publicq: & toutesfois il
ny a rien que leur particulier qui les
afflige. Ie vous demande donq estes
vous bien asseuré que ce soucy

Qui fiché dans le cœur vous trouble
& vous enflame,

[marginalia: Trois passiōs qui nos sont sup porter les douleurs pu bliques. Premie rement contre la simu lation.]

[marginalia: Laquel- le vient biē sou uent par vne mau uaise ambi- tion.]

Vous est venu à cause de vostre païs, ou de voftre particulier? En doutez vous encor' luy dis-ie, c'eft le païs c'eft le païs, Lãgius, qui m'a caufé cefte triftefse. Mais luy me refiftãt par vn braflement de tefte, me dit, vous qui eftes ieune auifez deux fois à vous : Car ie m'efmerueilleray fort fi cefte tant excellente & fincere amour du païs eft en vous. Certes elle eft en peu de gẽs. Ie confeffe que nous qui fommes hõmes, nous nous plaignõs des troubles publiques, & n'y a point de mal dont on parle tant, & qui par maniere de dire fe reprefente plus deuant nous : Mais fi vous l'efpluchez de plus pres, vous trouuerez vn grand debat entre la langue & le cœur, les paroles, *La ruyne du pays m'afflige*, font belles & pleines de flatterie, mais elles ne font pas vrayes, nees és lévres & non à l'interieur : ie diray icy de plufieurs de vos femblables, ce qui fe conte de Pole excellent Comique lequel iouant à Athenes vne comedie en laquelle il faloit reprefenter vn ennuy, afin de ce faire fit apporter en cachette les os &

La pluspart des hõmes se plaignent plustost des maux priuez que des publics.

B v

le cercueil de son fils qui estoit mort, & alors il emplit le theatre de gemissemens & plaintes veritables. Vous iouez ainsi la comedie & masque du personnage du païs. Vous lamentez en vrayes larmes pleines de souspirs vos particulieres pertes. *Tout le mõde est ioueür de farces* côme dit Arbiter, & principalement en cecy: ceste guerre ciuile nous tourmête dit-on, & sommes affligez de voir espandre le sang innocent, & les loix & la liberté mourir. En est-il ainsi? Certes ie voy vostre mal, & i'en cherche & demande peu à peu la cause. Est-ce pource que les affaires publiques vont mal? Mettons bas tout masque, c'est à cause du malheur des vostres. Nous auons souuent veu les païsans trembler, s'assembler & faire des vœux quand l'orage ou la soudaine tempeste s'esleuoit: mais lors que la force du danger est passée, prenez les à part & leur demandez la verité, vous trouuerez que chacun à part soy a eu peur entant qu'il luy touche pour sa moisson & son petit champ. Qu'on crie au feu en ceste ville, les

Voylà pourquoy il faut cercher la principale cause de la douleur.

boiteux ie le puis dire & les aueugles y courrõt pour l'esteindre. Qu'en pensez-vous, aſçauoir mõ ſi c'eſt pour l'amour du païs? mais demandez leur, c'eſt pource que le danger ou pluſtoſt la crainte d'iceluy les touche tous. Il en eſt icy de meſme: car ordinairemẽt les maux publiques eſmeuuẽt & troublẽt chacun, non pourtant qu'ils ayẽt pitié du dommage de pluſieurs affligez: mais pource qu'ils ſont entr'eux.

Declaration plus euidẽte de la diſſimulation & ce par exemples. Bref diſcours du vray païs. Et de la malice de ceux qui s'eſiouïſſent des maux d'autruy quand ils en ſont exempts.

Chapitre IX.

OR ſoyez le iuge deuant qui ceſte cauſe ſoit plaidee, & ſoyez en voſtre ſiege, mais comme tantoſt, le voile leué. Or çà, craignez-vous ceſte guerre? Pourquoy la craignez-vous? Pource que le danger & le mal-heur ſont conioints à la guerre. A qui tou-

Nous pleurõs & lamẽtons les maux publics non cõme publics.

che ce danger? Maintenant aux autres & maintenāt à vous. Si vous voulez confesser la verité sans contrainte, voicy le chef de vostre mal, en voicy la source. Car comme le foudre estāt tombé sur quelqu'vn, ceux qui estoyēt aupres en ont tremblé de peur, ainsi en ces grandes & communes pertes, quelques vns ont porté le dommage, & tous en ont eu peur. Et si cela n'est point, il ny aura point de mal. Si la guerre est en Æthiopie ou aux Indes, vous ne vous en esmouuerez point, pource que vous estes loing du danger, & estant en Flandres, vous pleurez, vous lamentez, vous frappez contre vostre front, & donnez de la main sur la cuisse. Que si vous vous dueillez pour les maux publiques, que vous chaut-il en quelle part du monde ils soyent? Vous me direz, ce n'est pas mon païs? O inconsideré, les hommes de ces païs là ne sont-ils pas de mesme race & tige que vous? Ne sont-ils pas sous la mesme voute du ciel, & sur la mesme boule de la terre? Estimez vous que ce soit vostre païs, que

Mais d'autāt qu'il y a vn danger priué conioint à iceux ou bien vne crainte.

Il vient au deuant de l'obiectiō que on feroit du pays.

DE LA CONSTANCE. 19

ce peu d'espace qui est en l'enceinte de ces montagnes & environné de ces rivieres? Vous vous trompez, le monde Vniuersel est le pays, & en quelque lieu qu'il y ait des hommes ils sont de ceste mesme origine celeste, iadis Socrates respondit fort bien à celuy qui l'interrogua, d'où il estoit, qu'il estoit du monde. Car l'esprit grand & magnifique ne se tient point reserré en ces termes que l'opinió distingue, ains par vne excellente pensee & estime, embrasse tout cest vniuers comme sié. Nous auons veu des fols & nous en sommes mocquez, pource que leurs gouuerneurs les ayans liez de festus ou de filets fort deliez, ne bougeoient ne plus ne moins que s'ils eussent esté enchainez ou eussent eu les fers aux pieds. Nostre folie est toute pareille, laquelle nous attache par les friuoles liens d'opinion à vne certaine partie de la terre. Mais pour laisser ces choses plus solides (car ie crains que ne les compreniez aisément) i'adiouste d'auantage, si quelque Dieu durant ceste guerre vous auoit promis, & don-

Qui s'estend plus loin que le commune pese.

C'est la seule opinion qui le restraiit.

Mais nostre douleur ne viene point de ce q̃ nous voyons nostre pays troublé

né pleige que l'on ne toucheroit point à vos terres, que vostre maison & vostre argent seroient en seureté, & que vous seriez en quelque montagne enuelopé de la nuee d'Homere, vous plaindriez vous encores? Ie ne l'auserois dire de vous, mais il y auroit tel qui s'en resiouiroit,& mesme paistroit auidement ses yeux regardant le confus rauage de ceux qui mourroient. Pourquoy le niez vous, ou pourquoy vous esmerueillez vous? Il y a ie ne sçay qu'elle malice nee en l'entendement humain qui cause cela, *s'esiouissant*, comme dit l'ancien Poëte, *du mal d'autruy*. Car comme quelques pommes sont agreablemét acres au goust, ainsi nous sont les desplaisirs d'autruy, quãd noº sommes en repos: imaginez vous quelqu'vn sur ce bord de mer qui regarde vn naufrage, certainemét il en sera marry, mais c'est auec vn certain agreable espoinçónemét d'esprit, pource qu'il void le peril d'autruy sans qu'il coure fortune. Mais enfermez le dans ce nauire agitté, il se pleindra bien pour vne autre douleur.

Nostre malice se descouure es maux d'autruy.

Quand nous auons tout dit ou tout fait c'est tousiours de mesme, & nous pleurons nos pertes veritablement, & de bon cœur: mais les publiques par acquit & maniere de faire. Parquoy, Lipsius, reiectez ceste feinte pratique de court, tirez le rideau, & laissant toute dissimulation mostrez vous à nous par la vraye apparence de vostre douleur.

Ma complainte de ce que Langius m'a si librement tancé. A quoy est adiousté, que c'est à faire à vn Philosophe. Essay de refuter ce qui a esté dit. L'obligation & amour enuers le pays.

Chap. X.

IE trouuay qu'il m'attiroit au combat vn peu bien asprement pour commencer, parquoy l'interrompant, ie dy quelle liberté ou plustost rigueur de discours est-cecy? M'attirez vous ainsi au combat? Me picquez vous ainsi? Ie vous sommeray ainsi auec Euripide,

n'adiouſtez plus à mō mal de douleur
Ie ſuis aſſez & trop oppreſſé de mal-
heur.

Langius me dict en ſouriant, attendez vous que ie vous donne des rou-
ties ou du vin doux, & tantoſt vous
Le diſ- demandiez le fer & le feu? Et bien Li-
cours pſius, vous oyez vn Philoſophe & nō
aigre
d'vn ſa- vn meneſtrier, qui vo⁹ veut enſeigner
ge eſt non vous donner du plaiſir, profiter
pour la
ſanté non flatter. I'ayme mieux que vous
nō pas ayez honte & rougiſſiez, que vous
pour
plaiſir. riez, que vous vous repentiez pluſtoſt
que vous reſiouïſſiez. Rufus diſoit iadis tout haut, *O homme l'eſtude du Me-*
decin eſt l'eſchole du Philoſophe, A laquelle on accourt pour la ſanté non
pour la volupté. Ce Medecin ne flatte
rien, & ne mignarde rien, mais il en-
fonce, picque, raze, & par quelque aſ-
pre ſel & ſec diſcours nettoye les ordures des eſprits. Et pourtāt cy apres,
Lipſius, n'attendez point des roſes, du
iaſmin ou du pauot, mais des eſpines,
des poinctes, de l'abſinte & du vinaigre. Et ie reſpondy encor', mais Langius, s'il eſt permis de le dire, vous en

vſez en mon endroit mal & malicieu-
ſement, & ne faictes pas comme vn
bon luteur : car ce n'eſt pas de bonne
lute que vous me faictes choir, mais
vſez de ruſes pour me faire tomber
fans que i'y penſe. Vous dites que c'eſt
par ſemblant que nous pleurons pour
noſtre pays & qu'il n'eſt pas la cauſe
de nos plainctes. Qui moy ? Cela eſt
faux. Car afin que ie le vous accorde De la
(ie me comporteray ouuertemẽt) i'ay ſecõde
bien en cela quelque eſgard à moy, & paſſion.
non à moy ſeulemẽt: Languiſ, ie plains
mon pays ſur tout, ie le plains & le
plaindray, encor' qu'en ſes mal-heurs Loüan-
ie n'euſſe poinct de mal-heur. Et à bon ge par-
droit: car i'y ſuis n'ay, i'y ay eſté entre- ticulie-
tenu & nourry : par la commune co- re du
gnoiſſance de tout le monde, la patrie pays.
eſt noſtre ancienne & tres-ſaincte mere. Vous me dõnez toute la terre Vni-
uerſelle pour païs. Qui en doute? Mais
auſſi confeſſez qu'outre ce grand &
commun i'ay vn autre pays plus arreſté & particulier : auquel par vn ſecret
lien de nature ie ſuis plus eſtroitemẽt
obligé. Sinon que vous penſiez que le

pays où nous sommes nais n'ait aucune force de nous attirer & allecher, le pays où premierement ce corps est arriué, où nous auons commencé à marcher, duquel nous auons respiré l'air, où noꝰ auõs pleuré estāt en maillot, où nostre enfance s'est esbatuë, & où nostre ieunesse a esté exercee & esleuee, auquel sont les cieux, les fleurs & les champs que nous auons accoustumé de voir. Où nous auons vne grande suite de parens, quantité d'amis & de compagnons, & tant de delices, & plaisirs, qu'il n'est possible de rencontrer autre-part. Il ny a point en cecy comme vous le voulez faire sembler, vn debile filet d'opinion, mais les fermes liens, chesnes & fers de nature. Considerez, les animaux les plus sauuages recognoissent leurs giftes & les ayment, & les oyseaux desirent leurs nids. Et mesmes les poissons sont bien aises en ce grand & infiny Occean d'en iouïr d'vne certaine partie. Que diray-ie des hommes tant courtois que sauuages, qui sont tellement arrestez à la terre de leur naisance

Et mesmes és autres animaux.

fance, que quiconque est homme ne differe de vouloir mourir pour elle ou en elle. Parquoy, Langius, ie ne puis suiure ny encor entendre ceste vostre sagesse tant nouuelle & austere : ains plustost Euripide qui afferme asseurement,

---necessité commande
A chacun d'aimer son pays---

La seconde passion du trop grãd amour vers le païs mal nommé pieté, est refutee, ce qui est demonstré. L'origine de ceste passion. Et quoy, & quel est proprement & vrayement le pays.

Chap. XI.

Langius à ce propos sousriant desdaigneusement, ô ieune homme, dit-il, que vostre pieté est merueilleuse, & ie pense qu'à ceste heure Marc le frere d'Anthoine est en danger de perdre son surnom. Toutesfois cela va bien, que la passion que i'auois deliberé d'assaillir & abattre d'vn coup d'vn dard leger, paroisse d'elle mes-

Ses raisons sont repoussees.

me & passe deuant les enseignes. Or ie commence en luy ostant comme iuste despouille, ceste belle robbe dōt elle se pare mal. Cest amour vers le païs est vulgairement nōmé pieté, & aduouë ne l'entendre point & aussi ne le pouuoir souffrir. Car pourquoy le dit-on pieté, que ie sçay estre la plus excellente des vertus, & proprement, *Le legitime & deu honneur & amour à Dieu & à nos parens.* Qu'elle audace est-ce au pays de se mettre entre ces deux? Pource dit-on, que la patrie est la tres-saincte & ancienne mere. O gens de peu d'entendement, qui faites non seulement à ceste heure tort à la raison, mais à la nature mesme. La patrie est-elle mere, pourquoy & comment l'est elle? Ie n'en voy icy aucune apparence. Et si vous estes plus subtil, Lipsius, esclairez mes tenebres. Est-ce d'autant que l'on y a esté receu? il me semble que vous disiez tantost cela. On l'est aussi bien souuent chez vn hoste ou tauernier. Que lon y a esté esleué, on a esté tenu de la chambriere & nourrice vn peu plus mignarde-

Que ceste passion est mal voilée du nom de pieté.

Qu'il ne faut appeller la patrie du nom de nos parens.

ment, que lon y a esté nourry? le mesme y aduient iournellement aux bestes, aux arbres, & aux bleds ; & mesmes entre ces grands corps le ciel, l'air & l'eau, ausquels la terre ne peut rien reprocher. D'auantage, allez vous en & vous trouuerés que toute autre terre vous fera le mesme: ces propos sont moites & nageans sur l'eau, desquels vous ne pouuez tirer qu'vn inutile liqueur de quelque opinion populaire. Ceux la sont nos seuls peres & meres qui nous ont engendrez, formez, & portez, & desquels nous sommes semence de leur semence, sang de leur sang, & chair de leur chair. De toutes lesquelles choses s'il y en a qui par cõparaison conuiennent à la patrie, i'auoüe auoir tort de combattre ceste pieté. Or il y a eu de grands personnages & hommes doctes qui en plusieurs lieux ont parlé ainsi. Ie le confesse: mais ils ont suiuy en cela le commun & non la verité, laquelle si vous suiuez vous enuoirez ce grand & sacré nom de Pieté à Dieu, & s'il vous plaist aussi aux parens, bien que puissiez faire que ceste affection estāt corrigee, se contente de cest honnorable titre de charité. Mais ce n'est que parler du nom, venons plustost à la chose que ie ne reiette pas du tout: ains ie la modere, la raturant tout autour auec le razoir de vraye raison. Car comme si on ne taille la vigne elle s'espandra tout autour abondamment, ainsi multiplient ces affections estant mignardement sousleuees du vent populaire. Et ie n'ay point tant despouillé ce qui est de l'homme & du citoyen, que ie ne confesse librement, Lipsius, que chacun de nous a vne certaine inclination & amitié à ce petit pays cy, mais ie voy que vo' n'en sçauez point bien la cause ny l'origine, vous voulez que cela soit de nature, & vraymēt cela vient de la coustume & qu'il a esté ainsi ordonné. Car apres que les hommes delaissans leur façon de viure rude & sauuage se sont retirez des champs & assemblez aux villes, & ont commencé à bastir des maisons & forteresses, & faire des compagnees, & vnis peuple auec pleuple, se deffen-

La pieté est enuers Dieu & ses parens & la charité enuers sa patrie. Laquelle il faut moderer & temperer.

D'où vient ceste charité.

De la coustume & non de la nature.

dre ou courir sus aux autres : aussi tost par necessité se sont engendrez entr'eux des communautez, & societez de choses diuerses. Plusieurs ont eu ensemble des terres & limites communs, des temples & lieux indiferens, des places, des tresoreries, & des Palais ; & ce qui est leur principal lien, des ceremonies, des coustumes & des loix : Lesquels nostre auarice a commencé d'aymer & cherir comme siennes, en quoy elle n'a pas du tout failly : car veritablement chacun y a sa part, & ne different en rien des possessions priuees : sinon qu'elles ne sont point à vn seul. Or ce consentement a donné comme forme & face à ce premier estat que nous appellons Republique & propremét païs, aussi patrie, en laquelle les hômes recognoissant de quelle consequence estoit la conseruation de chacun, ont estably beaucoup de loix pour la secourir & defendre, ou pour bien dire nos anciens nous en ont laissé vne coustume que nous les obseruons comme loix. De là vient que nous nous resiouïssons de

Voilà pourquoy nous aimons le pays, pource que noº auons en iceluy quel que chose qui est nostre.

Son origine ne vient d'vn amour priué.

Lequel a esté augmété par la coustume & par la loy.

son bien, & nous nous resiouissons de son incommodité, pource que de fait nos richesses sont conseruees en sa cõseruation, & meurẽt en sa mort. De cecy prouient l'amour ou charité enuers elle, qui à cause du bien public, nos ancestres ont augmentee, batissant par tous discours & effects la grandeur & maiesté de la patrie, à quoy aussi nous attire vne certaine occulte prouidence de Dieu. Donc à mon iugement ceste institution est cause de ceste affection. Que si c'estoit de nature comme vous pretendiez, d'où vient que ceste charité n'est pas egalement & semblablement en tous, pourquoy les Gentils-hommes & les riches ayment d'auantage le pays & ont plus de soin, que les gens de peu, & les pauures qui s'amusent ordinairement à leurs particulieres affaires laissans là les publiques? Et toutes-fois il est certain qu'il en aduient autremẽt en toute passion, ou l'on se laisse aller par le violẽt commandement de Nature. En apres que mettrez vous en auant sur ce que pour vne legere cause ceste charité s'amoindrit

Et ce à cause de la societé humaine.

Argumens clairs pourquoy elle ne vient point de la nature. Premierement pource qu'elle ne touche point egalemẽt vn chacũ. L'autre est pour ce qu'il est facile à s'a-

s'amoindrit ou se multiplie ? Voilà l'vn que la colere, l'autre que l'amour, quelques vns que l'ambition a retirez du pays : & combien y en a-il que le Dieu guain en destourne? Combien y a il d'Italiens qui ayant laissé l'Italie royne des Nations, poussez du desir de gagner sont allez demeurer en France, en Allemagne, & mesmes en Pologne ? Combien y a-il de milliers d'Espagnols que l'auarice ou l'ambition tire en pays eslongnez & comme sous vn autre Soleil : Qui est vn tresfort argument pour monstrer que ce lien d'obligation au pays n'est rien qu'vne estrange passion & opinion, veu qu'il est desnoüé & rompu sans consideratiō par vn des moindres desirs. Et vous errez grandemēt, Lipsius, aux limites que vous donnez à la patrie, la voulant astraindre au terroir où nous sommes venus, & auons premierement cheminé, & où vous me dites, sans raison, plusieurs choses nous auoir esté octroyees. Car vous voulez cercher là, mais en vain, le sujet de vostre amour; Car s'il n'y a que tel

moindrir ou plustost a estre osté du tout.

Il reiette l'opinion du pais particulier. Que ce n'est point elle le lieu de nostre naissance.

LE PREMIER LIVRE

lieu qui soit nostre pays natal, ie n'auray point d'autre patrie que Bruxelles, ny vous autre qu'Isque, quelque autre n'aura pour pays que sa cassine ou logette, & mesmes plusieurs sans auoir des loges n'auront autre pays que les forests ou les deserts. Mon amour dõques & mon soucy seront ils enfermés en limites tant estroits? Embrasseray-ie seulement ceste metayrie ou maison pour la defendre comme ma patrie? Voyez quelle folie, & comme par vostre definition ces sauuages ou chãpestres seront heureux, pource qu'ils n'ont autre pays de leur naissance que la terre, tousiours pleine de fleurs, & retiree au loing de tout danger, mort & calamité. Mais certainement cela n'est point le pays, non, *Ains vn certain estat*, comme i'ay dit, *& ainsi qu'vn nauire commun sous vn seul Roy ou sous vne seule Loy.* Que si vous voulez que les citoyens soyent tenus de l'aymer, ie le vous accorderay, & que ils le doiuent defendre, ie le consentiray. Et qu'ils doiuent mourir pour son suject, ie n'y mettray point d'em-

Que cest proprement que la patrie. Et qu'il la faut defendre ciuilement.

peschement. Mais ie ne suis pas d'aduis que lon se pleigne, outrage & lamente,

Mourir pour la patrie est grand bien & honneur,

Ce dit le Poëte Horace, comme aussi tous les assistans l'ont auoüé : Mais il a dit mourir & non pas pleurer. Car nous deuons estre si bons citoyés que nous soyons aussi gens de bien, ce que nous ne sommes pas quád nous nous amusons à pleurer comme les enfans & les femmes. Finalement, Lipsius, ie vous faits entendre ce grand secret, c'est que si vous considerez l'homme en tout, vous trouuerez que tous les endroits qu'on dit estre son pays ne le sont point, & que possible on peut bié determiner vne patrie aux corps, mais non à l'esprit, qui estant tombé de ce haut domicile, a toute ceste terre cóme pour prison & garde. Car le ciel est son vray & naturel pays, auquel nous deuons aspirer, pour dire de bon cœur auec Anaxagoras, auquel le sot vulgaire demandoit s'il n'auoit point soucy de son pays. Voilà mon

Mais qu'il ne la faut deplorer à la façó des femmes.

Ce que ont estimé les sages de la vraye patrie.

C ij

pays, & qu'ainsi nous dressiõs le doigt & l'entendement vers les Cieux.

La troisiesme passion temperee qui est la Pitié. Qu'elle est vicieuse. Pour s'esclarcir, elle est distinguee de la misericorde, comment & combien il en faut vser.

Chap. XII.

Langius ayãt par ces propos chassé quelque nuee de mon esprit, ainsi qu'il me sembla, ie luy dis, vous m'aidez beaucoup, mon pere, en m'aduertissant, & pense que ie pourray temperer ceste affection que lon a tãt vers le pays, que vers l'estat, mais nõ pas encores l'amitié que lon porte aux hommes. Car comment se peut il faire que les afflictions du pays ne me touchent & tourmentent à cause de mes concitoyés & amis, qui sont agités en ceste mer de calamitez, où y perissent par vne differente & miserable auanture? Langius m'escoutant, en cela, dit-il, Lipsius, il ny a point

Il vient a la cõ-passion.

proprement de douleur mais on en a pitié; & toutesfois il faut que le sage & constāt la mesprise. Car rien ne luy est si propre que la fermeté & force d'esprit, qui ne peuuent estre si le dueil qu'il a pour sō suiet ou pour autruy l'abat & le descourage. Alors ie l'interrōpis & dis, & quelles espines de stoïques sont ce cy. Vous me defendez d'auoir pitié? Qui est vne vertu entre les gens de bien, & principallement entre nous qui auons esté imbus de la vraye religion & pieté. Lors Langius me dit asseurement, ouy ie le vous defens. Et si ie puis oster ceste maladie là des esprits, aucun homme de bien n'en sera marry. Car c'est vne maladie, & quiconque a telle pitié n'est guere eslongné de la misere. Et comme c'est vn signe à l'œil d'estre fort debile & mauuais s'il cligne en regardant vn autre qui cligne ou est malade, aussi l'esprit qui s'esmeut pour la douleur qu'il void est presque dolent. Elle se definit fort bien ainsi, *Vn vice d'vn esprit bas & abiect se laissant aller à l'apparēce du mal d'autruy.* Quoy dōc? Pen-

Qui ne doit pointe estre au sage.

Et ne conuiēt du tout à l'hōmechrestien.

Que ceste que pitié.

C iij

LE PREMIER LIVRE

fez vous que nous soyons si durs &
comme de fer, que nous ne voulions
pas que l'on soit affligé ou esmeu pour
Qu'il ne le mal d'autruy? Au contraire il ne
faut pas nous desplaist pas que l'on s'en esmeu-
pourtãt ue, pourueu que ce soit afin d'aider
en ex-
clure la non pour lamenter. Ie permets bien
miseri- que vous vsiez de misericorde & non
corde. de pitié. Et me la faut distinguer à ceste heure, laissant vn peu à part ceste
doctrine stoïque pour vous enseigner.
I'appelle misericorde, *Vne inclination*
Que *d'esprit qui incite à soulager la pauure-*
c'est
qu'elle *té ou dueil d'autruy.* C'est là ceste ver-
est. tu, Lipsius, que vous voyez cõme par
La dif- vne nuee, pour laquelle la pitié vous
ference
qu'il y a transporte & en fait accroire. Mais
entre
l'vn & c'est vne affection humaine d'estre es-
l'autre. meu & d'auoir pitié. Soit, mais ce n'est
Les ef- pas bien fait. Estimez vous qu'il y ait
fects de de la vertu en la coüardise & defaut
l'vn &
de l'au- de courage? afin que vous ayez occa-
tre. sion de gemir, & de souspirer, & de re-
dire auec celuy qui lamente des paroles en l'air & interrompuës? Vous errez autrement, ie vous mettray en a-
uant des vieilles auaricieuses & de ces

chiches vsuriers, des yeux desquels vous tirés pluſtoſt mille larmes, qu'vn denier de leur bourſe. Mais voſtre vray miſericordieux, ne paroiſtra poït eſmeu à pitié: toutesfois il fera autant, voire beaucoup plus que celuy qui aura tant de pitié. Il cõsiderera les maux d'autruy de ſes yeux humains, mais ſelon raiſon, il parlera doucement & d'vn air attiré à miſericorde, & non ayant le viſage gemiſſant & abatu, il conſolera brauement, aydera liberalement, & fera plus benignement qu'il ne dira, & eſtendra pluſtoſt ſa main au pauure & au periſſant, qu'il ne luy dõnera des paroles : & en viendra à bout prudemment & auec grande conſideration : de peur que durant la contagion il ne ſoit attrapé du mal d'autruy, ou cõme on dit des eſcrimeurs, qu'il ne ſoit frapé par le coſté d'vn autre. Qui a-il (ie vous prie) icy de rude ou de faſcheux. Toute ſageſſe eſt telle, qu'elle apparoiſt de loing à ceux qui la regardent, ſeuere & difficile. Mais quand on en eſt pres on la rencontre benigne & gracieuſe, & telle que la Deesse d'amour, n'a delice plus agreable ny desirable. Mais c'est assez de ces trois mouuemens, lesquels si ie vous ay en partie effacés, i'ay vn grand point pour venir à la fin de nostre combat.

Les empeschemens estans ostez, on vient à chasser à bon escient les maux publics, que ie combattray par quatre principaux argumens. Premierement il sera icy parlé de la Prouidence, laquelle on demonstrera estre choses humaines & les gouuerner.

Chap. XIII.

Vray combat pour la constáce.
Diuisió & ordre des quatres raisons qui sont les principales.

VOus ayant attiré au combat côme sous-main, ie viens à combattre à bon escient, & ayant laissé ces armes legeres & de plaisir, ie prens les violentes. Ie mettray mes soldats & troupes aux champs, & les feray retirer à leurs enseignes, & en feray quatre bataillons. Premierement ie maintiendray que les maux publiques sont enuoyez de la main de Dieu. Secondement qu'ils sont necessaires & par le destin. En troisiesme lieu, qu'ils nous sont profitables. Et finalement qu'ils ne sôt ny fascheux ny nouueaux. Que si mes troupes assaillent & se defendent bien & à propos: l'armee de vostre douleur m'osera-elle resister ou tourner visage? Elle n'osera; i'ay vaincu, & auec ce presage que l'on sonne l'alarme. Lipsius, toutes les passions qui aduiennent diuersement, & troublent la vie humaine, viennent de l'entendement qui n'est pas sain, & sur tout, à mon aduis ceste douleur que l'on a pour la republique. Car toutes prenent vne fin ayant vn certain but, comme l'amant de iouir, l'irrité de se venger, l'auare d'amasser, & ainsi des autres. Et ceste seule passion comme le remarquerez n'a autre subiect que soy-mesme. Mais afin que mon discours ne soit trop diffus & libre, ains qu'en tirant les resnes ie demeure en ce rond: à sçauoir que comme vous dites, vous gemissez pleignant vostre pays qui s'en va tout perdu, mais à

Que c'est vne chose sotte de mettre la douleur publique entre les passions. Pource quelle est prise sans aucun but ny esperance.

C v

quel desseing ie vous prie ? Qu'en esperez vous ou qu'attendez vous qui
vous en reuienne ? Est-ce afin que
vous restituez ce qui est descheu, que
vous rasseuriez ce qui trebusche ? Ou
qu'en lamentant vous chassiez la perte & le mal-heur qui menasse vostre
patrie ? Il ny a rien de tout cela, cest
seulement afin de dire ce propos vulgaire, ie me pleins, & puis toute ceste
plainte sera inutile & sans profit. C'est
se lamenter pour ce qui est passé, que
mesme on a point estimé qu'il fut au
qu'elle pouuoir des Dieux de rappeller &
est plai- faire qu'il ne fust point fait. Aussi ce
ned'im-
pieté. gemissement n'est pas seulement vain,
pource mais plein d'impieté, ce que vous ad-
qu'elle
combat uoüerez si vous en faites vn iuste iuge-
contre ment : vous sçauez bien qu'il y a vne
Dieu.
intelligence eternelle que nous appellons Dieu, qui proportionne, dispose
& gouuerne les cieux perpetuellemēt
Que la mouuās, les courses errātes des astres,
fortune les mutuelles forces & vicissitude des
n'est
point elements. Et tout ce qui est tant haut
descho- que bas. Estimez vous qu'il y ait quel-
ses hu-
maines. que hazard ou fortune qui domine en

ce tant beau corps du monde, que les affaires du monde soyent conduites par violence ou inconsideration? Ie sçay bien que vous ne le pensez pas, ny aussi autre que vous tant soit peu, ie ne diray point seulement doüé, de sagesse, mais de bon sens. Car c'est la nature, c'est la nature qui le nous dit,& de quelque costé que vous tourniez les yeux, tout ce qui est haut, bas, mortel, immortel, viuant ou sans vie, nous dit tout haut & nous raconte, qu'il y a vne puissance au dessus de nous, qui a faict & creé, tout ce qui est tant grand, tant admirable, & en telle quantité, qui conduit & entretiet ce qu'il a creé, & faict qui est Dieu : à la souueraine & tres-parfaicte nature duquel, rien ne conuient tant que de vouloir & pouuoir, auoir & prendre le soin de son ouurage. Et pourquoy ne le voudroit-il? Il est tout bon. Pourquoy ne le pourroit-il? Il est tout puissant, & qu'aussi il n'y a nulle force au dessus de luy, comme il ny en a point sans luy. La grandeur & diuersité de tout, ne le destourne ny arreste. Car

Ainsi vne prouidéce qui est establie.

De laquelle la capacité & celerité est grãde & qui a de grãdes forces.

C vj

ceste lumiere eternelle respand ses rayons par tout; & afin que ie parle ainsi, en vn coup ou clin d'œil, elle penetre tous les destours & abysmes du ciel, de la terre & de la mer: & ceste diuinité ne commande point seulement sur toutes choses, ains est entr'elles & en elles. Dequoy nous esmerueillons nous? Quelle & combien grande partie du monde est-ce que ce Soleil illumine? Combien est grande l'assemblee de choses que nostre entédement comprend par vne seule pensee & imagination? O fols que nous sommes, n'estimerons nous point que celuy qui a creé & fait ce Soleil & cest entendement, ne puisse voir & comprendre d'auantage? Aristote au liure du monde que Stobee recite comme l'epistre à Alexandre, tres-bien voire diuinement dit, luy qui n'a gueres entendu des affaires diuines, *Que ce qu'est le Pilote au nauire, le Cocher au chariot, le Chantre au chœur, la Loy en la ville, le Capitaine en l'armee, cela est Dieu au monde. Ny ayant autre difference sinon qu'en leur gouuernement,*

DE LA CONSTANCE. 31

ils ont vne grande peine, & vn trauail ennuyeux fascheux & laborieux: Mais en Dieu il n'y a nul mal ou trauail, & est exempt de tout effort corporel. Dōques Lipsius en Dieu, est, a esté, & sera, Le vigilant & perpetuel soin (C'est vn soin pourtant sans soin) par lequel il void tout, vient à tout, & congnoist tout, & conduit & gouuerne ce qu'il cognoist, par vn certain ordre immuable, & que nous ne sçauons. Et cela est ce que ie nomme icy Prouidence, de laquelle par imbecilité quelqu'vn se pourroit bien pleindre, mais nul ne s'en doit enquerir, sinon cestuy là qui fait le sourd & est endurcy contre la voix & sentiment de nature.

Definition de la prouidēce.

Rien ne se fait icy sans l'ordonnance de ceste Prouidence. Qu'elle enuoye les miseres aux peuples & aux villes, parquoy ce n'est pas faire religieusement que s'en tourmenter ou pleurer. En apres vne exhortation à obeïr à Dieu, contre lequel on combat en vain.

LE PREMIER LIVRE
CHAP. XIIII.

Argumét de la prouidéce pour la chose presente.

SI vous estes bien imbu, & qu'à bon escient & de bon cœur vous vouliez mettre en vous & croire, ceste force qui gouuerne, & afin que ie parle auec le Poëte.

— aller par toutes terres
Et toutes les routes des mers.

Car de elle viénét les maux.

Ie ne voy plus de moyen que vostre douleur ou plainte dure: car ceste prouidente intelligence, qui tous les iours tourne & retourne le ciel, meine & rameine le Soleil, descouure & cache les fruits, a engédré tous ces accidens & reuers de tout, desquels vous vous estonnez & affligez. Pésez-vous que le ciel nous enuoye seulement ce qui nous est agreable & profitable? Il nous enuoye aussi les tristesses & fascheries. Et n'y a rien du tout de ce qui se fait en ceste grande machine (i'excepte le peché) qui n'ait sa cause & origine de ceste premiere cause la, & Pindare a bien dit, *les dispensateurs & administrateurs de tout sont au ciel*, & comme Homere le cache du voile de la fable, il y a comme vne chefne d'or defcendente d'enhaut, à laquelle tient tout ce qui eft inferieur, c'eft par la Prouidence que l'ouuerture de la terre a englouti plufieurs villes. C'eft par elle qu'en autre endroit la pefte a moiffonné plufieurs milliers d'hommes, & vient de la Prouidence que les meurtres, guerres & tyrānies ont efté en Flandres. Toutes ces afflictions, Lipfius, nous sōt enuoyees de la main de Dieu, & pource Euripide a bien & fagemēt dit *les miferes font enuoyees de Dieu*. C'eft de cefte Lune là dont defpend le flus & reflus de toutes les affaires humaines : le leuer & coucher de tous les Royaumes vient de ce Soleil. Et maintenant que vous lafchez la bride à voftre douleur, & que vous vous defplaifez que voftre païs eft changé ou ruiné, ne penfez vous point qui vous eftes & contre qui vous vous fafchez? Qui vous eftes? Homme, ombre & poudre, contre qui? I'ay horreur de le dire, côtre Dieu. L'antiquité a fait vne certaine fable des geans qui voulurent chaffer les Dieux de

Que cela eft indigne à l'hôme de s'efleuer côtre icelle.

LE PREMIER LIVRE

leur fort, laissons les fables, vous qui vous plaignez estes ces geans la. Que si Dieu non seulement permet tous ces accidens, mais aussi les enuoye, vous qui fremissez, qui resistez, que faictes vous, sinon qu'entant qu'il est en vostre puissance vous luy voulez rauir le sceptre, & oster le commandement absolut qu'il a sur vous. Mortalité aueugle? Le Soleil, la Lune, les astres, les elemens & tous les ordres d'animaux obeissent sans contraincte & oyét en obeissance ceste loy supreme, & l'hôme le plus noble de tout est seul qui regimbe & resiste contre son facteur. Si vous auiez mis les voiles au vét vous seriez côtrainct de suiure, non où vostre volonté vous attireroit, mais où ils vous pousseroient. Et vous refusez de suiure sur l'Ocean de ceste vie cest esprit q̃ gouuerne tout? Toutesfois vous le refusez en vain, pource que vous le suyurez, ou bien il vous tirera par force, & les decrets celestes conserueront leur force & ordre, tant sur celuy qui le suyt volontairement que sur le rebelle. Ne ririons nous pas

Toutes les choses créees luy obeyssent. Estant aussi folie de s'esleuer côtre icelle sans effect. Cest esprit réply de diuinité tire & modere toutes choses, soit que nous les voulions ou non.

si nous voyons celuy qui a lié son batteau à la roche & qui tire la corde, s'il pense qu'en tirant la montagne vienne à luy, veu que c'est luy qui va vers elle ? & nostre folie n'est-elle point plus grande, qui estans attachez à la roche de ceste eternelle Prouidence, voulons qu'en tirant & repoussant, elle nous complaise, & ne luy voulons pas obeïr. Oublions à la fin ces vanitez, & si nous sommes sages, suyuons ceste force qui nous attire d'enhaut, & estimons qu'il est raisonnable que l'homme trouue bõ tout ce qui plaist à Dieu. Le soldat qui est au cãp, trousse bagage quãd il oit battre aux chãps pour desloger. S'il faut cõbattre il le laisse, estãt prest & appareillé d'esprit, d'yeux & d'oreilles à receuoir tout commandement. Il faut que nous en facions de mesme, & qu'en ceste guerre nous suyuions alegremẽt & à grãd pas nostre Capitaine en quelque lieu qu'il nous appelle. Seneque dit que *nous sommes obligez à ce serment d'endurer les choses mortelles: & n'estre point troublez de ce que nous ne pou-*

C'est pourquoi luy faut volontairement obeir.

uons esuiter. Nous sommes nez au Royaume, c'est liberté que d'obeïr à Dieu.

Nous sommes venus pour la Constance au second argument qui est pris de la Necessité. La force & vehemence de la necessité, qui est icy consideree en deux sortes, & premierement és choses mesmes.

CHAP. XV.

Lipsius, voicy vn bouclier fait de la main de Vulcan, qui peut fermement resister contre tout ce qui est externe. Nous auons icy les armes d'or, desquelles Platon veut que nous nous couurions contre le hazard & la fortune, Se souf-mettre à Dieu, Penser en Dieu, & en tout accident, conformer son esprit selon ceste grande intelligence du monde, ie dy la Prouidence. Et pource que i'ay assez expliqué ses sainctes & heureuses forces, ie mettray en teste & ameneray vn autre bataillon, qui marchera sous l'enseigne de Necessité. Ce bataillô est fort, rotde & armé, & que ie puis iustement appeller Legion foudroyante. Ceste force est vigoureuse & inuincible cōme celle qui dompte & surmōte tout, & seray fort estōné, Lipsius, si vous luy voulez resister. Iadis on demanda à Thales *qu'est-ce qui est le plus fort*, & il respōdit tres-bien. *C'est la neceßité: car elle surmonte tout.* De laquelle aussi on dit vn vieux & sot Prouerbe, *Les Dieux mesme ne peuuent contraindre la necessité.* Maintenant ie conioincts ceste Necessité à la Prouidence, pource qu'elle luy est fort proche, & pour mieux dire, est nee d'elle. Car la Necessité est de Dieu & de ces arrests, & est comme le Philosophe Grec la definit, vne ferme ordonnance & puissance immuable de la Prouidence. Ie maintiédray en deux manieres qu'elle se mesle des maux publics, & par les subiects & par la destinee. Par les subiects & choses mesmes, pource que tout ce qui est creé est de telle cōdition, que par certaine puissance interieure il est conduict à mutation ou mort. Ainsi que le fer est naturellemēt

L'autre argumēt de necessité.

La force de laquelle est communément mōstree.

Plato lib. 1. de leg. 17.

Que c'est que necessité.

De cōbien de sortes.

Qu'elle est née és choses masmes.

rongé par la roüilleure. Le bois perit par la tigne ou vermoulure. Aussi les animaux, les villes & Royaumes ont leurs causes internes qui les fōt perir. Considerez les choses hautes ou basses, grandes ou petites, faictes ou imaginees depuis le commencement des siecles, elles perissent & perpetuellement periront. Et comme les fleuues par vn cours naturel & ordinaire coulent en la mer : ainsi toutes les affaires humaines glissent (par maniere de dire) à leur but par ce canal de misere. Leur but est la mort & le trespas, dont les moyens & instrumēs sont, la peste, la guerre & les meurtres. Partant si la mort leur est necessaire, pour ce regard aussi les calamitez leur sont necessaires. Et afin que par exéple vous le compreniez mieux, ie ne m'eslongneray point, afin qu'en esprit & entendement ie puisse voyager vn peu auec vous par ce grand vniuers.

Pource que toutes choses sont à changemēt.

Exemples de necessaire changement ou mort en tout ce monde. Les cieux & elements serõt conuertis & periront quelque iour. Qu'il faut considerer le mesme és villes, nations & Royaumes. Finalement que tout va & vient icy, & qu'il n'y a rien de ferme & stable.

Chap. XVI.

DEz le commencement il a esté constitué vne loy eternelle sur tout ce monde, de naistre, de mourir: de commencer, de finir; & celuy de la volonté duquel tout despend n'a voulu qu'il y eust rien de ferme ou stable que luy seul. Le Poëte tragique dit assez haut, *Ce qu'il monstre par exéple.* *Sophocle.*

— la vieillesse
Ny la mort tenebreuse à Dieu seul ne font peur
Mais l'aage tout domptant toutes choses trauerse.

Tout ce que vous contemplez, que

vous admirez, perist ou se change en son ordre, le Soleil que vous voyez esclipse quelquefois. La Lune aussi trauaille & deuient noire. Les Astres glissent & cheent. Et bien que le iugement humain voile ou excuse cecy, toutesfois il est aduenu & aduiēt souuent en ce corps celeste des effects contre les loix & les intelligences des Mathematiciens. Ie laisse les cometes & formes diuerses qui ont difference situation & mouuement, & que difficilement Aristote me fera croire toutes estre en l'air ou en prouenir, qu'ainsi ne soit, les Astrologues ont bien eu des affaires pour les mouuements & nouuelles estoiles que l'on a apperceu depuis n'agueres. Il est apparu vne estoile l'an 1572. que les doctes Mathematiciens ont remarquee estre dans le ciel, de laquelle on a obserué le commencement & la fin, & auons recogneu (ce qui sera difficile à croire) qu'il peut naistre & mourir quelque chose au ciel. Saint Augustin racōte que Varro afferme & dit assez haut l'*estoile de Venus que Plaute ap-*

Cōmençāt par le Ciel & par l'air.

pelle l'estoile du soir, & Homere Hesper auoir chãgé de couleur, grãdeur, figure, & cours. Regardez l'air qui est pro- chain du ciel, il se change tous les iours, se transmuë en vent, en nuees & en pluyes. Venons aux eaux, vous ver- rez des riuieres & fontaines que nous disons perpetuelles, les vnes n'estre plus, & les autres auoir changé de lict & de cours. Mesme cest Occean vne des plus grandes parties de nature & où il y a plus de secrets, est tãtost esle- ué, tantost abaissé par les tempestes, & encor' que cela ne fut point, il a son flus & reflus. Et afin que vous croyez qu'en fin il peut du tout perir, il dimi- nuë peu à peu tous les iours. Que si vous cõsiderez la terre que seule on a voulu estre immobile, se soustenir par sa force, vous trouuerez qu'elle des- chet d'vne part, & en autre est esbran- lee par quelque vent occulte, & d'vn autre est corrompuë par l'eau ou par le feu. Toutes ces choses se font la guerre l'vne à l'autre. Et afin que vous ne vous faschiez pensant qu'il y ait seulement guerre entre les hõmes,

Par les eaux & la Mer.

Par la terre.

Par ce moyen y a cõ- bat en- tre les elemẽs.

voyez que les elements se la font entr'eux. Combien est-ce que le deluge des desbords des eaux a rauagé & englouty de terres, comme iadis ceste grande Atlantide, que ie croy n'estre point fable, & apres Helice & Bure. Et pour n'aller à ce qui est ancien ou eslongné, en nostre païs du temps de nos peres, deux isles de Zelande auec les villes & le peuple sont peries. Et de faict mesmes en ce temps la mer se faict de grandes ouuertures, léchant iournellement, & rongeant le bord peu asseuré des Frisons, Zelandois & Holandois. Aussi la terre ne fait la poltronne en féme & n'est oisiue: car souuét elle s'en vége, & se fait des isles au millieu de la mer, dont le vieil pere Occean s'estône & courrouce. Que si ces grands corps & que nous estimós à nostre auis eternels, sont destinez à la mort & au changement, que penserez vous des Royaumes, villes & republiques. Qui par necessité sôt mortelles comme ceux qui les ont faites? Tout ainsi qu'en tous hommes il y a, la ieunesse, la force, la vieillesse, & la mort,

Que si ces elemés perissent cóbien plus ce qui viét d'eux.

DE LA CONSTANCE. 37

mort, ainsi y a-il de mesme en tout. Tout commence, croist, persiste, fleurit, à celle fin qu'il prenne fin. Du téps de Tybere, vn tremblement de terre renuersa douze grâdes villes en Asie, autant & de mesme en aduint en Italie du temps de Cõstantin. Et la guerre seule d'Atila a ruiné plus de cent villes. A peine la renommee a conserué la vieille Thebe d'Egypte, à peine croit-on qu'il y ait eu cent villes en Candie, & pour parler de choses plus certaines, les anciens ont veu les restes de Cartage, Numance, & Corinthe, & s'en sont esmerueillez, & nous auons veu les tristes ruines de Athenes, de Lacedemone, & de tant de magnifiques villes. Mais où est Romme, faucement dite ville eternelle, la Royne de tout & de toutes nations? Elle a esté renuersee, destruite, bruslee, noyee, elle est morte de plusieurs morts, on se flatte en la curieuse recherche d'icelle, & on ne la peut trouuer en sa place. Vous voyez Constantinople qui est glorieuse pour estre le siege de deux Empires, du Romain

La ruine de plusieurs grandes villes.

D

autrefois & du Turc à ceste heure. Et Venise q̃ se glorifie d'auoir desià duré mille ans, leur iour viendra, & toy nostre Anuers petit œil des villes tu as esté pl⁹ que tu n'es & quelque iour tu ne seras plus. Ce grãd Architecte, bastit certainemẽt & ruine (& s'il est permis de le dire) se iouë des choses humaines, & comme le potier faict & defaict diuerses figures & images de ceste argille. Ie ne parle encor' que des villes & villages, mais il est certain, aussi que les Royaumes & Prouinces tendent à ceste ruine. Iadis l'Oriẽt estoit fleurissant, l'Assirie, l'Egypte, la Iudee ont esté puissantes en armes & en bõs esprits. Ceste auẽture est passee en Europe, qui aussi semble estre gastee comme vn corps par maladie cõtinuelle, & ressentir son grand malheur. Et ce qui est bien dauantage, & dont on ne se peut assez estonner, ce monde qui est habité depuis cinq mil cinq cens ans s'enuieillit, & pour ramener ioyeusemẽt la fable d'Anaxarchus, dõt on s'est iadis moqué, ailleurs croissent nouueaux hommes & nouue au monde. O admirable & incomprehensible Loy de Necessité, tout court en ce cercle fatal de naistre & de perir, & bien qu'il y ait icy des choses de fort long aage si ny a-il rié d'eternel ; leuez vos yeux & regardez auec moy de tous costez (car il ne me desplaist point d'estre icy) & voyez les mutuels tours & retours des choses humaines, & comme le flus & reflus de l'Ocean. Leuez vous, tombez, cōmandez, seruez, cachez vous, monstrez vous. Et que tandis que le monde sera, que cest ordre de reuolution finisse. Allemans auez vous esté autrefois sauuages? Appriuoisez vous beaucoup plus que plusieurs peuples d'Europe. Anglois auez vous esté inciuils & pauures? Debattez par delices & richesses auec les Ægyptiens & Sybarites. La Grece a elle autrefois fleuri? qu'elle soit abbatuë maintenant, l'Italie a elle autrefois esté Roine de tout? Qu'elle soit subiecte à ceste heure. Vous Gots & Vandales, vous la lie des Barbares sortez de vos cachettes & venez à vostre tour cōmander aux

Conclusion.

D ij

nations. Venez aussi vous Scytes ve-
lus ancestres des Turcs, & d'vne forte
main empoignez la bride de l'Asie &
de l'Europe, pour les mener à vostre
plaisir: mais vous-mesmes retournez
vous en tout aussi tost, & quittez le
sceptre à ceste nation voisine de la
grand mer. Car me tromperay-ie?
Ne voy-ie point ie ne sçay quel nouueau Soleil d'vn Empire, qui s'esleue
d'Occident?

Nous voicy à la Necessité qui vient du
Destin, Le Destin en premier lieu est
prouué. Le vulgaire & les Sages y
ont adheré par vn certain & vni-
uersel consentement, mais en par-
tie n'en ont pas esté d'accord. Com-
bien les anciens ont estimé qu'il y a-
uoit de sortes de Destins.

CHAPITRE XVII.

L'Angius auoit ainsi parlé, & de
propos m'auoit presque tiré des
larmes de mes yeux. Ainsi me sembla
que ie voyois en vne claire lumiere les

tromperies des affaires humaines. Et m'escriãt, helas! dis-ie, & que sommes nous, & que sont les choses apres lesquelles nous prenons tant de peine? Qu'est-ce que d'estre quelqu'vn, de n'estre riẽ, l'hõme est le songe d'vn ombre, cõme iadis a trop vrayemẽt dit le Poëte Lirique. Langius, s'addressant à moy, mais vous ieune homme, dit-il, ne regardez point seulemẽt cela, ains mesprisez-le, & par le moyen de l'inconstance & trompeuse legereté de toutes choses, imprimez la Constance en vostre ame. Ie nomme ceste inconstance ainsi selon nostre iugement & aduis. Pource que si vous considerez Dieu & la Prouidence, vous verrez que tout est estably & suit son ordre immuable. Mais ayant laissé les lances & espees, ie m'aideray de l'artillerie, & ne combattray plus vostre mal d'arquebusades, ains ie le battray de furie, ie braqueray le canon du Destin, qui est si violent & fort, que puissance aucune n'e peut onc destourner ny rampart aucun y resister. Et bien que le lieu soit penchant, toutesfois i'y en-

Il vient à l'autre necessité au respect du Destin.

D iij

treray finement & lentement,& comme on dit pied à pied. Or en premier lieu, ny vous Lipsius, comme ie pense, ny aussi aucune nation ou siecle n'a douté qu'il y ait vn Destin. En l'interrompant, pardonnez moy, dis-ie, si ie mets au deuant de vous vn arrest en ceste carriere. Vous m'opposez le Destin? Langius, c'est vn foible canon, & qui est chargé de la peu forte poudre des Stoïques, ie le dis libremét, & le mesprise. Et comme le vent emporte les fueilles, soufflant tout d'vn coup & auec le soldat de Plaute, ie feray esuanoüir, & les Parques & toute ceste armee de vieilles. Lors Langius d'vn regard seuere & menaçant, me dit, vous moquez vous, ou ostez vous ainsi temerairement & inconsiderement les Destins? Vous ne sçauriez, si vous n'ostez auec la toute-puissance & mesme la grandeur diuine. Car s'il y a vn Dieu, il y a vne Prouidence, & s'il y a vne Prouidence il y a vn ordre & decret sur tout, & si cela est il y a vne ferme & asseuree necessité de tout ce qui doit aduenir. Comment eschapperez-

De laquelle le discours sera douteux pource qu'on si peut tróper.

Il prouue au cómencement qu'il y a quelque necessité fatale & destinée. Par ce lien indissoluble.

vous ceste atteinte? ou auec quelle cognee coupperez vous ceste chesne: car il ne nous est pas possible ny permis de considerer Dieu ou ceste eternelle intelligence, qu'auec la cognoissance & presciéce qui y sont eternellemēt. Et sçauōs que Dieu est tousiours mesme, fixe, ferme, sans changement, tousiours vn, & tousiours semblable à soy, ne flechissant ou branslant en ce qu'il a vne fois determiné & veu,

Car des Dieux eternels la pensee ne tourne, dit Homere.

Que si vous confessez la verité? (Et faut aussi que vous la côfessiez, si vous ne vous despouillez de toute raison & iugement,) confessez donc cecy, que toutes les ordonnances diuines sont fermes & immuables de toute eternité, en toute eternité. De là vient la Necessité, & ce Destin dont vous vous moquez. Dequoy la verité est tāt apparente & cogneuë, qu'il n'y a point d'axiome plus ancien ny plus receu entre les natiōs. Et presque tous ceux à qui est paruenuë la lumiere de la Prouidence ont recogneu le Destin.

Que toꝰ ont quelque notice & cognoissance du Destin.

D iiij

LE PREMIER LIVRE

De sorte que ces premiers & petits feux qui ont descouuert Dieu à l'homme l'ont aussi esclairé pour cognoistre le Destin. Voyez & oyez Homere le premier & plus excellent de tous les Poëtes, ie suis menteur si ceste Muse diuine n'a plus tourné & repassé par les sentiers du Destin q̄ par d'autres. Et aucune race de Poëtes n'est sortie hors ce chemin que leur pere leur auoit tracé; voyez Euripide, Sophocle, Pindare & Virgile qui est de ces quartiers. Me ramenez vous aux Historiens, ils disent tous vne mesme chose. Cecy est aduenu par le Destin & les Royaumes sont maintenus & renuersez par les Destins. M'attirez vous aux Philosophes, qui ont mis le plus de peine & de soin à conseruer la verité & à la deffēdre cōtre le vulgaire, c'est merueille comme eux qui en plusieurs autres subiects se sont bādez l'vn contre l'autre, par vn desir & maligne recherche pour se vaincre, se sont vnis à suyure le commencement de ce chemin qui conduit au Destin. I'ay dict au commencement du che-

Homere Poëte vrayement le plus sage de tous les Poëtes. A esté le chef & capitaine du Destin. Que les autres escriuais ont suyui.

min, pource que par cela ne faut nier que ce chemin n'ait esté diuisé en plusieurs sentiers, qui tous me semblent pouuoir estre reduis à quatre, qui sont le Destin des Mathematiciens, le Naturel, le Violent, le Vray. Que i'expliqueray brauement, comme si ie mettois le pied en chacun, pource que c'est icy que communément est la confusion & l'erreur.

Quasi tous les Philosophes ont cōspiré cōtre le Destin.

Trois sortes de Destin expliquez breuement. La definition ou description de tous. Les Stoïques doucement & brauement excusez.

Chap. XVIII.

OR i'appelle le Destin des Mathematiciens, *Qui lie & cōioint fermemēt à la force des Astres & aux cōstellatiōs toutes les actiōs & euenemēs*: de laquelle les Caldeens & Astrologues ont esté premiers inuenteurs, & entre les Philosophes ce grand Mercure tant sçauant, & qui a escrit pour maintenir la verité, distingue tres-bię

Le Destin des Mathematiciēs que c'est.

D v

& subtilement la Prouidence, la Necessité & le Destin, disant: *La Prouidence est la parfaicte & absoluë raison du Dieu celeste, laquelle a deux puissances fort proches, la Necessité & le Destin. Le Destin sert & obeït à la Prouidence & à la necessité, mais les estoiles seruẽt au Destin. Car il n'y a aucũ q puisse eschapper de la force du Destin, ny se seruer de la force & puissãce des estoiles car se sont les fleches & armes du Destin: Selon la volõté duquel tout aduiẽt & s'accõplit en Nature & aux hommes.* Or la plus-part des Astrologues vulgaires, sont non seulement embarquez en ceste folle nauire: mais aussi ce que i'ay hõte de dire, plusieurs des Theologiẽs. Mais ie dis le Destin Naturel, l'Ordre des causes naturelles lesquelles (si elles ne sont empeschees) par leur puissance & propre nature produisent vn mesme & certain effect. Aristote dit sur ce poinct (si nous croyons Alexandre Afrodisee son fidelle interprete: car de luy il ne le met pas ainsi en auant, si ce n'est en autre lieu en au-

(marginal note:) Du Destin naturel q̃ c'est.

tres termes,)& aussi Theophraste qui l'escriuit clairement, que *Le Destin est le naturel de chaque chose.* Selon ce qu'ils pésent, c'est par Destin que l'hõme engendre vn homme ; c'est par Destin qu'il meurt, & par causes internes, sans qu'il suruiēne de violence exterieure. Et au contraire si vn homme engendre vn Serpent ou vn monstre, cela est outre le Destin, & semblablement si on est occis par fer, ou par feu. Ceste maxime ne faut pas beaucoup, pource qu'elle n'aproche gueres de la puissance du Destin. Et qui est cestuy-la qui ne se pourra bien empescher de tomber, pouruen qu'il ne môte point? tel est presque par tout Aristote quãd il parle des affaires diuines, excepté au petit liure qu'il a fait du monde, lequel liure est tout d'or, & qui me sẽble estre inspiré d'vn air plus celeste. Outre cecy i'ay leu en vn autheur Grec qu'Aristote a pẽsé, *Que veritablement le Destin n'est point cause, ains quelque maniere de cause cõuenãt à ce q est estably par la Necessité.* Quel courage de

Philosophe! qui ofant mettre la fortune & le hazard entre les caufes, n'ofe y
renger le Deftin. Mais ie le laiffe là, ie
m'arrefte à nos Stoiques qui font autheurs du Deftin violent, auffi fans dif-
fimulation i'ayme & cheris cefte fe-
&te. Ie definis ainfi auec Senecque ce
Deftin, qui eft *la Neceßité de toutes
choses & actiõs qu'aucune puiffance ne
peut rompre*, ou bien auec Chryfippus,
*La force Spirituelle qui gouuerne ceft
vniuers par ordre.* Que fi vo' interpre-
tez fainement & modeftemẽt ces definitions elles font trouuees ne fe re-
culer pas trop du droict ny de la verité, non plus que leur difcours tout en-
tier, fi dés long temps le vulgaire
n'euft mis la main deffus pour le faire
mourir. Ils leur attribuẽt deux impie-
tez, qu'ils font Dieu fubiet au chariot
du Deftin, & qu'ils y obligent nos
actiõs internes & volõtez. Et ne veux-
ie trop m'efforcer à les excufer tãt de
l'vne que de l'autre faute. Car vous
pouuez choifir cecy, & encores des
chofes meilleures de leurs efcrits, def-

*Les Stoi-
ciés peut
eftre ont
efté plus
fages
entre
tous les
anciés.*

*En quoi
c'eft q̃
faillent
les Stoi-
ciens.*

quels il nous en reste peu. Senecque qui a esté vn des grands trompettes de ceste secte, semble errer en cela, le soustenant, où moins il le deuoit, qui est au liure de la Prouidence, où il dit, *la mesme Necessité astraint les Dieux, vn mesme cours irreuocable emporte les affaires humaines & diuines, mesme celuy qui a tout fait & gouuerne tout a escrit le Destin & aussi le suit, il obeït tousiours & n'a cõmandé qu'vne fois.* Ceste chesne indissoluble & entrelassement des causes de laquelle ils lient & tous hommes & toutes choses, semble apertement forcer la volonté humaine. Mais les vrays & bons Stoïques n'ont iamais tenu cela apertement, ou si en la violence des discours, comme il aduient, il leur en est eschappé de mesme ou pour en parler, ou en disputer, vous trouuerez que ç'a esté plus de paroles, que de fait, & de pensee. On lit en Agellius que ce Chrysippus, (qui le premier a corrompu & gasté ceste vertueuse secte par questions fascheuses & piquantes) s'excuse & defend de ce que la liberté a esté retran-

De ce qu'ils semblét vouloir soumettre Dieu au destin.

Etoster toute la liberté humaine.

Mais qu'ils n'ont pas du tout esti mé cela.

chee. Et nostre amy Senecque n'assuiettit pas Dieu au Destin (car il auoit plus de iugement que cela) mais par vne certaine maniere de discours feint Dieu, obeissant à Dieu. Car ceux qui d'entr'eux ont approché plus pres de la verité, nommoient quelquefois la Prouidence Destin, & quelquefois Dieu. Parquoy Zenon l'ayant definy, *vne force qui fait mouuoir la matiere selon les mesmes en mesme sorte*, il adiouste qu'il n'importe d'auoir esté nommee Prouidence ou aussi Nature. Et Chrysippus poussé de mesme esprit dit autre part du Destin, *La raison eternelle de la Prouidence*: Aussi Panetius Stoïque, dit *Dieu mesme estre le Destin*. Ce que Seneque pensant à mieux dit, *Quãd il vous plaira il vous est permis de nommer autrement l'autheur de tout & de la Nature, Vous direz bien, quand vous nommez ce Iupiter tout bon, & tout-puissant, Tonnant, Arrestant, non qu'il soit celuy qui arreste & establit, à cause, comme racontent les Histories, qu'apres auoir receu les vœux des Romains il ait asseuré leur armee*

Car ils abusent bié souuent du nom de Destin, entendãt par iceluy la Prouidéce ou Dieu mesme.

Lib. 4. c. 7. de benefi. 695.

qui estoit en fuite, mais pource que toutes choses sont maintenuës par sa grace, & ne mentirez point si vous l'appellez aussi Destin. Car puis que le Destin n'est autre chose que le perpetuel ordre des causes, il est la premiere cause de toutes, & de laquelle toutes les autres dependẽt. Ces dernieres paroles sont dites auec tant de Pieté, que la calomnie mesme ne les pourroit calõnier. Mesme ce grand Aristote escriuant à vn grand Roy, en cecy ne s'est point retiré de l'opinion des Stoïques, il dit ainsi, i'estime que l'on ne doit point nõmer autrement la Necessité que Dieu. Comme estant vne nature permanente, & que le mesme Destin qui assemble tout & va en auãt librement & sans aucũ empeschemẽt. Que si on trouue en ces propos quelque chose dite à la volee, il ny a pourtant point d'impieté, & les interpretes veritables ne les rẽcontreront esloignez du vray Destin que nous maintenons. Et certes ie donne à bon escient ceste loüange à la compagnie des Stoïques, qu'il n'y a eu aucune secte qui ait plus gardé & rendu

De la secte des Stoïciens.

l'honneur deu à la majesté de Dieu, &
mieux recognu la Prouidence, & qui
ait d'auantage attiré les hommes aux
choses celestes & eternelles qu'eux.
Que s'ils ont branché en la course de
ceste carriere fatale, cela leur est party
d'vn louable & bon desir, qu'ils auoiēt
de destourner les hommes aueugles
d'apres la Deesse aueugle, i'entens la
fortune, de laquelle, ils n'ont pas seulement & auec beaucoup de courage
aboly la diuinité, mais le nom.

*Le quatriesme ou vray Destin expliqué.
Bref discours de son nom. Par vn fil
plus doux il est desiny, & demonstré
qu'il differe de la Prouidence.*

CHAP. XIX.

MAis i'ay assez parlé du consentement ou debat des anciens: car
pourquoy iray-ie profondemēt rechercher trop curieusemēt ou subtilemēt,
Les trentiesmes qui sont en enfer? I'ay
beaucoup d'affaires auec le vray Destin, lequel ie propose maintenāt & le

faits paroiſtre. Or ie le nōme icy le decret Eternel de la Prouidence que l'on ne peut non plus oſter du tout, que la Prouidence meſme, mais que l'on ne me reproche point que ie me trompe en ce nom : car ie maintien fermement qu'il n'y en a point de plus propre pour cecy. Les anciens en ont-ils abuſé? Nous en vſerons, & nous attirerons à vne meilleure lumiere, ceſte parole tirée de la priſon des Stoïques, le Deſtin eſt appellé ainſi comme ce *que Dieu a dit & cōmandé*, & eſt cela meſme dōt nous nous enquerons icy. Ie definis le vray Deſtin ou auec l'illuſtre Prince de la Mirande, *vne ſuite & ordre de cauſes dependant du conſeil diuin*, ou bien ainſi que nous le diſons vn peu plus obſcurement, mais plus ſubtilement *vn decret immobile de la Prouidence, lequel eſt attaché aux choſes mobiles, & qui eſtablit fermement tout en ſon ordre, lieu, & temps*. I'ay dit vn decret de la Prouidēce, pource q̃ ie ne ſuis pas du tout d'vn meſme aduis que les Theologiēs d'auiourd'huy (on me le pardonnera en ce libre deſir

Le nom du deſtin cōme il nous eſt licite.

La premiere & plus ſimple deffinition du vray deſtin.
La ſeconde plus ample exprimant la verité de la choſe.

que i'ay de la verité,) lesquels le meslét de fait & de nom auec la Prouidéce. Ie sçay qu'il est tres-dificile, mesme que c'est temerité de penser cóprendre ou lier de paroles ceste *plus qu'essence & plus que celeste Nature*, ie dis Dieu, ny mesme rien qui luy appartienne. Toutesfois selon la capacité de l'entendemét humain, ie maintien qu'il y a diference entre la Prouidéce & le Destin, dont nous traictons. Car ie n'entends point autremét la Prouidence, *qu'vne force qui est en Dieu de voir, sçauoir & gouuerner tout*, vne force dis-ie, vniuerselle, indiuisee, bien resserree en soy, & afin que ie parle auec Lucrece, iointe vnimét: mais le Destin semble descendre dauátage sur toutes choses, & estre cósideré en chacune d'icelles, de sorte, dis-ie, que se soit vne diuision & partition, de ceste cómune Prouidence distinctemét mise en ses parties. Quant à la Prouidence elle est en Dieu, & à luy seul attribuee: mais le Destin est és choses & leur est approprié. Vous pésez possible que ie vous face debattre mal à propos, & comme on dit, *percer*

{S'il est semblable à la Prouidence.}

{La Prouidéce est consideree cómunement le Destin par partie celle la est en Dieu l'autre aux choses.}

vn grain de mil auec vne tariere, mais certes, Lipsius, ie tire cecy d'entre les discours vulgaires, où il n'y a rien de si recogneu que ce que nous disons, *cela est aduenu par mõ bon ou mauuais Destin, & tel estoit le Destin de ce Royaume ou de ceste ville là*. Et n'y a nul qui parle ainsi de la Prouidéce, & persõne, dis-ie, ne l'atribuë à chose aucune, sans impieté ou moquerie. J'ay donc bien dit qu'elle est en Dieu, & que le Destin est bien de Dieu, mais il est entendu és choses. J'adiouste d'auãtage que bien que la Prouidence soit de fait distinguee du Destin, toutes-fois elle semble estre plus excellente que le Destin, & auant luy: Ainsi que comme nous le prouuons és escholes des Philosophes, le Soleil precede la lumiere, l'Eternité est deuant le temps, & l'intellect est premier que la raison. Mais afin que ie ne dilate ces tristes argumens que ne les ayõs assez espluchez, vous voyez que par cela i'ay iuste raison de faire difference, & aussi d'auoir retenu ce nom contre les nouueaux Theologiens. Car les premiers Peres

La Prouidéce est meilleure que le Destin.

recognus dés iadis, ne m'empeschent ny deffendent d'vser hardiment de ce nom de Destin, selon sa saine & vraye intelligence. Mais afin que ie retourne à esclaircir ma definition, i'ay dit que c'est vn decret attaché, afin que ie demonstrasse qu'il faut cõsiderer le Destin és subiects où il paruient, & non d'où il vient. I'ay adiousté aux choses mobiles, signifiant que bien que le Destin soit immobile, toutes-fois il n'oste point des choses leur mouuemẽt propre, ny leur nature, mais agist doucement & sans violence en chaque chose, selon que le requierent les marques & signes que Dieu y a imprimez. Ce qui aduient necessairement aux causes secondes qui sont necessaires, & aux naturelles, naturellement, aux volontaires, volontairement, & à celles qui dependent proprement, selon leur qualité: parquoy eu esgard aux choses, il n'apporte aucune violence ou contrainte, mais il conduit & tourne toutes choses selon leur disposition à faire ou endurer. Que si vous le remenez iusques à son origine, à sça-

Explication de la deffinition du Destin.

Le Destin ne viole point les choses.

noir à la Prouidence & à Dieu. Il faudra sans crainte affermer constāment, que tout ce qui se fait par le Destin se fait necessairement. Finalement i'ay adiousté de l'ordre, du lieu & du tēps, asseurant ce que premieremét i'auois mis en auant, la Prouidence estre coniointement de toutes choses, & le Destin estre de chacune, par departemét. Et en l'ordre, i'entens la suite & cours des causes que le Destin termine. Au lieu & au temps, ie mets ceste merueilleuse & indicible force, à laquelle sont astraints tous les euenemens à certaines situations de lieux & moments de temps. Est-ce Destin que Tarquin soit chassé de son Royaume? Soit. Mais il a falu que l'adultere ait precedé, vous voyez l'ordre. Cesar a-il esté tué par Destin? Ouy. Mais ç'à esté en la Cour mesme & pres l'image de Pompee, vous voyez le lieu. Les gens de Domitian l'ont-ils tué, pource qu'il fut ainsi destiné? Qu'ainsi soit. C'a mesme esté à cinq heures qui estoit celle qu'en vain il pensoit euiter, vous voyez le temps.

L'ordre des causes au Destin.

Il est astraint au lieu & au temps.

Ce Destin est distingué & diuisé de celuy des Stoïques par quatre termes. Il est demonstré plus soigneusement, comment il ne cōtraint poinr la volonté. Aussi que Dieu n'est ny consentant ny autheur du mal.

Chap. XX.

VOyez vous assez ces choses mon enfant? ou si y desirez plus grande lumiere? Ouy plus grande, dis-ie, si ne voulez me laisser eternellement en ceste nuit & ignorance. Car quel subtil estain de distinctions? quels trompeurs enlassemens de questiōs & propositions douteuses? Pour vous dire verité ie craignois fort des embusches: & redoutois cōme ennemis vos mots poisez & douteux. Lors Langius sousriant, me dit, amy asseure toy, icy n'est aucun Annibal, & tu n'és en lieu d'ennemis, mais de toute seureté, dis seulement où tu ne vois clair, la clarté ne t'y manquera? En cela, dis-ie, qui touche la violence & necessité. Ne pouuant aucunement comprendre la difference que faites entre vostre Destin & celuy des Stoïques ; lequel pensant oster des paroles vous remettez en effect, & côme l'on dit le receuez par la poterne apres l'auoir chassé par la porte. A cela Langius promptement, tant s'en faut, dit-il, que fantastiquement ie remette sus aucune fatalité Stoïque ; ne que ie ressuscite les vieilles parques long temps mortes, ie mets en auant seulement vn Destin moderé & religieux ; que ie separes de cest autre par quatres bornes & limites. La premiere est que les Stoïques sous-mettent Dieu à leur Destin, tesmoin Homere qui racôte Iupiter mesme n'auoir peu deliurer des liés fataux son Sarpedon : mais nous au contraire le Destin à la diuinité, laquelle nous recognoissons estre tres-libre autheur & facteur de toutes choses, & pouuoir surmonter & rompre quãd il luy plaist les forces & chaisnes du Destin. Plus ils mettent & posent d'eternité vn flux & suite de causes naturelles, & nous non : les causes secondes n'estans eternelles ains

Et encores que le vray destin, semble estre meslé auec celuy des Stoïciens il en est toutesfois separé.

Car nous tenõs que Dieu est par-dessus le Destin. Que les causes ne sont point eternelles.

nees auec le monde (côme Dieu nous fait paroir, agiſſant le plus ſouuent outre & meſmes contre nature choſes prodigieuſes & admirables.) En troiſieſme lieu ils ſemblent vouloir oſter en toutes choſes le contingent & fortuit, lequel au contraire y conſeruons quand les cauſes d'iceluy s'y preſentent. En fin eux apportent vne force forcee à la volonté humaine & nous rien moins que cela qui accordons le Deſtin auec la liberté de la volôté humaine. Qui fuyans le vent müable de la fortune euitans de faire bris contre l'eſcueil de la neceſſité. A la verité il y a biê vn Deſtin, mais c'eſt la premiere cauſe, qui n'oſte tant les ſecondes & moyennes, qu'elle n'agiſſe par icelles ordinairement & le plus ſouuent. Or entre ces ſecondes eſt la volorté humaine de laquelle ne croyôs que Dieu veuille nous l'oſter ou forcer. En cela eſt tout l'erreur, en cela tout le nüage: Aucun ne nie d'auoir vouloir ce que veut le Deſtin; i'adiouſte librement vouloir: car Dieu qui a creé les choſes en vſe ſans les corrôpre & ruiner. Et comme

Qui n'oſtons point ce qui peut aduenir

comme le premier mobile ramene auec soy les autres inferieurs sans interrompre ou arrester leur propre cours & mouuement. Ainsi Dieu par l'effort du Destin tire toutes choses humaines, leur reseruāt toutesfois leurs propres & peculieres motions. A il voulu les arbres & toutes sortes de fruicts croistre ? ils croissent par nature sans aucune violence. A il voulu les hommes deliberer & choisir? Ils deliberent aussi & choisissent par la volonté, sans aucune violence ; & neantmoins de toute eternité il a veu ce qu'ils deuoiét choisir & eslire: mais il l'a veu sans les y contraindre; il l'a sceu dis-ie, & non ordonné, il l'a predict & non arresté. Quoy la dessus que doutent encores nos maistres ? Pauures qu'ils sont, ce peut il voir chose plus claire, si ce n'est que leur ame irrequiette & plaidassiere prenne plaisir à estriuer & disputer autant qu'vn galeux à se grater : Car si Dieu, disent-ils, a preueu que ie pecheray, & que sa prenoyance soit certaine, comment ce peut il faire que ie ne peche necessairement : cela est

E

vray, en adiouſtant par ta volonté, d'autant qu'il a preueu que tu pecherois en la façon qu'il l'a preueu ; or a il preueu que librement ; librement donc neceſſairement tu peches. Cela n'eſt il aſſez clair & euident ? ils inſiſtent encore, diſans, que Dieu eſt en nous autheur de tout mouuement, ie l'accorde cōmunement autheur, mais non fauteur ſinon en bien. Si tu t'adonnes à la vertu ? cela ce fait luy le ſçachant & aydant. Si au vice ? luy le ſçachant & permettant : Et en cela nulle faute de ſa part. Pour exemple, ſi ie monte & manie vn cheual foible & boiteux, le manier eſt de moy, & l'eſtre foible de luy. Ie touche vn luc mal monté & accordé, ce diſcord eſt de l'inſtrument & non de moy. La terre nourrit d'vn commun ſuc toutes ſortes de plantes, dont toutesfois les vnes produiſent de bons fruits, & les autres des veneneux : & là deſſus que direz-vous ? cela eſtre de la terre ou pluſtoſt d'vne faculté entee és plantes qui recuiſent & tournent

Et que nous permettōs vne certaine liberté aux hōmes.

la bonne seue en leur venin. Or le semblable est icy : car en tant que tu te meus, cela est de Dieu ; en tant que tu te meus à mal cela est de toy & en toy. En somme pour conclurre ceste liberté humaine ; le Destin est comme vn mene-dance en ce branle des choses mondaines : mais en telle façon qu'il nous y reste tousiours quelque liberté de vouloir & non vouloir, & rien d'auantage ; n'estant donné à l'homme l'effectuer & operer ; ains seulement vn libre arbitre de consentir ou dessentir à la disposition diuine sans pouuoir y resister ne l'empescher. Comme en vn nauire il m'est permis s'y pourmener & courir çà & là par les bancs & le tillac, & toutes-fois ces courses & pourmenades n'empeschent & retardent son cours. Ainsi dans le vaisseau fatal qui tous nous portent, nos volontez y courent & recourent sans puissance de l'arrester ou destourner de sa route, & quelque chose que nous voulions ceste supreme volonté le conduira tousiours ainsi & à tel port qu'il luy plaira.

Conclusion du traité du Destin. Aduertissement qu'il est plein de danger & doute, & qu'il ne doit estre curieusement recerché. En fin vne exhortation serieuse de s'encourager contre la necessité.

CHAP. XXI.

Mais pourquoy est-ce que ie fay tout cecy? Ie tourne la prouë, & me destourne de ce sable mouuant, qui a englouty les esprits de plusieurs. Ie voy icy le naufrage de Ciceron, qui a mieux aimé nier la Prouidence, que de rien effacer de la liberté humaine: *Et ainsi voulant faire les hômes libres, il les fait sacrileges.* Côme le dit tresproprement saint Augustin Euesque d'Hipone. Damascene entre nos Docteurs, vogue en ce destroict, estendât bien la Prouidence aux autres choses,

Au liure de la Diuination.

mais il la destourne de celles qui sont en nous. Estans aduertis par leur peril, nous aymós mieux, Lipsius, eslire d'aller par terre, & ne penetrer trop profondement en ceste mer. Euclide respondit iadis fort proprement à vn qui l'interrogeoit touchant les Dieux; Ie ne sçay rien de toute autre chose, cela sçay-le toutes-fois, qu'ils ont en hayne les curieux. Estimez de mesme du Destin, qui veut bien estre regardé & non consideré, estre creu & nō cognu. Ie pense que c'est Bias qui a dit, *Dictes cela seulement des Dieux qu'ils sont*. Ie l'expliqueray mieux le disant du Destin, duquel ie vous aduertis que c'est assez que vous sçachiez qu'il est; & du reste, vous ne faudrez point, quand vous ne le sçaurez point. Cecy est proprement de nostre fait (car maintenant ie retourne à nostre vieil & grand chemin sortant de ce destour tāt plein de trauerses) que vous croyez que la Necessité touche de pres les maux publiques comme parente, & que vous cerchiez en elle seule quelque consolation en vostre lamenta-

Pource que le feu est sous la cendre il ne veut plus parler du Destin. Et ne faut point si fort esmouuoir cela.

Qu'il la faut appliquer a nostre vtilité.

E iij

tion. Qu'auez-vous à faire de recercher curieusement ce qui est de franc ou serf arbitre, de la volonté contrainte ou permise? Miserable! vous estes comme Archimede, on prend vostre ville de Siracuse & vous vous amusez à pourtraire sur la terre. Vous auez la guerre sur la teste, & la tyrannie, & le meurtre & la mort, qui certes sont enuoyez d'enhaut, sans qu'aucunement y entreuienne vostre volonté. Vous la pouuez bien craindre, non vous en garder; fuyr, non euiter. Prenez ces armes & pour combattre à l'encontre prenez ce traict fatal, lequel ne blesse pas seulement toutes ces douleurs ains les tuë; ne les diminuë pas seulement, ains les emporte. Comme si vous touchez legerement vne ortie elle vous cuit, & si vous la pressez bien ferme elle perd sa force, ainsi l'aigreur de vostre dueil croist si vous le flattez de remedes gracieux, mais elle s'en va si vous y appliquez les remedes rudes & violents. Or il n'y a rien plus fort que la Necessité, qui par vn seul assaut rompt & defaict ces foibles troupes.

Les armes sõt violétes contre la douleur.

Car qu'eſt-ce qu'il vous faut, douleur? Vous ne trouuez point de place en luy pource que non ſeulemẽt il ne ſe peut, mais auſſi ne ſe doit. Que voulez-vous, plainĉte? Vous pouuez ſecoüer ce ioug celeſte, mais nõ en le ſecoüant le faire tomber & l'oſter.

N'eſpere plus fleſchir le ſort des Dieux par plaintes,

On n'eſchappe point autrement de la Neceſſité que de vouloir ce à quoy elle contrainĉt. Epiĉtete excellent ſur tous les ſages a excellemment dit, *Tu ne ſeras iamais vaincu, pourueu que tu te gardes d'attaquer ce que tu ne peux vaincre.* Ce combat contre la Neceſſité eſt tel que quiconque l'entreprẽd il ſuccombe, & ce que vous trouuerez plus merueilleux, il eſt ſuccombé auãt que l'auoir entrepris.

On a accouſtumé de cacher le Deſtin ſous la coüardiſe, mais cela eſt deſcouuert. Le Deſtin agiſt par cauſes moyënes, parquoy il les faut admettre auec luy. Comment il faut ayder, ou n'ayder point au pays. La fin de ce liure & de ce diſcours.

E iiij

Chap. XXII.

Langius faisant icy vne pose à son discours, ie me suis aduancé plus allegrement, & l'ay interrompu, Si ce vent, dis-ie, soufle plus long temps du costé de la poupe ie penseray n'estre gueres loin du port. Car i'ose maintenant suiure Dieu, i'ose obeïr à la Necessité, & me semble pouuoir dire auec Euripide,

Plustost luy feray-ie sacrifice que meu de cholere regimber côtre l'esperon.
Mortel combattant contre le Dieu celeste.

Toutes-fois il y a vne esmotion d'vne pensee troublee qui m'agitte, que ie vous prie, Langius, de faire cesser. Car si les maux publics sont par le Destin, & que cela ne se peut vaincre ny esuiter, pourquoy nous donnôs no' plus de peine du païs ny pour le païs ? Que ne laissons-nous tout faire à ce grād & Tout-puissant gouuerneur de tout, & que ne nous asseons nous, comme on dit les mains iointes, ou les bras croi-

Obiection. côtre le Destin.

fez ? Car parce que vous accordez vous mesme, tout ayde & conseil est vain, les Destins y estant contraires. Langius, se sous-riant, vous-vous retirez, dit-il, du droict & de la verité, par opiniastreté ou par outre-cuidâce. Est-cecy obeïr aux Destins ou s'en rire & mocquer. Ie m'assieray dites vous les mains iointes. Cela va bien, mais ie voudrois à ceste heure qu'eussiez aussi les leures iointes. Qui est-ce qui vous a iamais dit que le seul Destin agist sans la cause moyenne & aydante ? Il est destiné que vous aurez des enfans, mais de telle sorte qu'il faudra que les engendriez en vostre femme ; Que vous guarirez d'vne maladie, mais à condition que vous vous ayderez des Medecins & des remedes. Il est de mesme icy. S'il est destiné que la flottante & perissante nef de la patrie soit sauuee, il est aussi destiné qu'il faut côbattre pour elle & la deffendre. Voulez-vous surgir au port, il faut mettre la main à l'auiron, & mettre les voiles au vent, & non pas estre oisif à prendre & attendre le vent d'enhaut. Au

Qui est dissoluë môstrât que le Destin precede les causes moyennes.

E v

cõtraire s'il est destiné que vostre païs perisse. Ce qui l'attirera à sa ruine par vne voye humaine, aura aussi esté destiné. Le peuple ne s'accordera point, & se mutinera cõtre la noblesse: persõne ne sçaura obeïr ny aucũ cõmander. Beaucoup seront vaillants de paroles, mais tous seront coüards quãd ce viẽdra à l'effect, & n'y aura mesme aux chefs ny conseil ny fidelité. Velleius a fort bien dit, *La force des Destins cõtre laquelle on ne peut resister, destourne les conseils de celuy dont elle a deliberé de changer la fortune.* Et encores, *Certes il en est ainsi que souuent le Dieu qui doit changer la fortune destruise les conseils, & face (ce qui est tref-miserable) qu'il semble que ce qui aduient, aduienne à bon droit.* Toutesfois vous n'en viendrez pas là incontinent, que vous pensiez que les extremes Destins pressent vostre païs. Car que cognoissez-vous? Ou q̃ sçauez-vous si cecy n'est qu'vn esbranlement & petite esmotion, ou bien vne maladie tendante à la mort. Aydez doncques, & selon le vieil Prouerbe, esperez tant que l'ame sera en

Que les Destins sont bõs ou mauuais sãs miracle & par moyens accoustumez.

lib. 2. de Cæsar.

Il ne faut tout incõtinẽt desespe rer cõme si le Destin nous estoit cõtraire.

ce malade. Que si maintenant le chan- | Il faut
gement fatal apparoist par certains & | premie-
euidens iugements, selon mon iuge- | rement
ment cecy aura lieu, *il ne faut point cō-* | tanter
battre contre Dieu. I'ameneray icy seu- | toutes
rement l'exemple de Solon, qui lors | choses.
que Pisistratus se fut fait maistre d'A- | Mais a-
thenes, voyant que toute la peine que | uec iu-
l'on prendroit pour restablir la liberté | gement
estoit sans fruict, mettant ses armes & | & dis-
son escu deuant la porte du Palais, dit, | cretion
O mon pays ie t'ay aydé de paroles & | laquel-
de faict, & ainsi se retira en sa maison | le la
en deliberation de se reposer puis a- | proui-
pres. Faictes cela, cedez à Dieu, & au | dence
temps: & si vous estes bon citoyen, re- | seule
seruez-vous à plus doux & meilleurs | nous
Destins. La liberté qui est maintenant | fourni-
perie peut resusciter, & le pays qui est | ra.
ruïné peut auec le temps estre restably. Pourquoy temerairement vous laissez-vous aller & perdez courage? De ces deux Consuls qui se trouuerēt à Cannes i'estime Varro qui fuit, plus vaillāt citoyen, que non pas Paul qui y mourut. Et le peuple Romain & le Senat n'en ont point fait autre iugemēt,

E vj

qui le remercierent publiquement de ce qu'il n'auoit point desesperé de la Republique. Au reste soit que le pays branfle seulement, ou tombe; ou perisse, ou meure du tout; ne vous affligez de rien, mais prenez ce grand courage de Crates, auquel Alexandre demandant s'il vouloit que son pays fust restably; Qu'en est-il besoin, dit-il, possible que quelque autre Alexandre le ruynera encores. Les sages parlent ainsi disent les hommes,

—or laissons les douleurs
Reposer en l'esprit, biē que nous soyōs
tristes:
Car on ne trouue point de profit en
ses pleurs.

Comme en Homere, Achille fut bien aduerty. Car autrement il aduiendra comme il est dit és fables, de Creon, qui ayant embrassé sa fille toute flambante, ne luy a de rien seruy, mais est pery auec elle. Aussi, Lipsius, voº vous esteindrez plustost que n'esteindrez auec vos larmes ce feu public de Flandres. Langius, parloit encor', que les huis firent vn grand bruit, & il entra

Cōclusion & vne generale admonition pour la Constance.

Pourquoy leur propos fust interrompu & differé.

vn garçõ qu'enuoyoit l'excellēt Tor-
rentius nous aduertir que le soupper
estoit prest : Langius, cōme esueillé, ô
dit-il, me suis-ie ainsi oublié en ce discours? Et le iour s'est-il ainsi passé sās
que nous y ayons pris garde? Soudain
se leuant, & m'ayant donné la main;
Lipsius, dit il, allons souper, aussi bien
en auoy-ie grande enuie. Et moy y re-
sistant ie luy dy seons nous, ce souper
me vaut mieux que tous les autres,
que ie diray auec les Grecs *viāde des
Dieux*, de ces bāquets ie suis tousiours
affamé & iamais saoul. Toutesfois Lāgius m'a emmené, & gardons nous
(me dit-il) maintenant la foy, demain
si vous voulez nous obtiendrons de la
Constance, ce qu'on demande par sacrifice.

LE SECOND LIVRE
DE LA CONSTANCE
de Iuste Lipsius.

Occasion du discours recommēcé, acheminemēt au plaisant Iardin de Langius & la loüange d'iceluy.

CHAP. I.

Le soin qu'auoit Lāgius apres ses iardins.

E iour ensuyuant Langius eut enuie de me mener en ses iardins. Et certainement il les cultiuoit & entretenoit tous auec grād soing, dont les vns estoient au costau à costé de la maison, & les autres vn peu plus loing au long de la Meuse,

Lequel fleuue court en doux amas de flots à trauers la belle ville, comme dit Ennius. Parquoy estant venu le premier & assez matin en la chambre, Nous promenerons nous, dit-il, Lipsius, ou bien si vous auez plus grande enuie de vous reposer & arrester. Plustost, dis-ie, enuie de me promener, pourueu que ce soit auec vous Langius, mais où allons nous. Nous irons, s'il vous plaist, dit Langius, en mes iardins, qui sont sur la riuiere. Il n'y a pas loing, vous vous exercerez cependant, vous verrez la ville : aussi qu'en ceste chaleur il y a là vn agreable petit vēt qui rafraischit. Ie le veux bien, dis-ie, & vous ayant pour conducteur aucun chemin ne me sera ennuieux, mesmes quand ce seroit aux dernieres Indes. Cela dit, nous demandons nos manteaux, nous les auons pris, nous sommes allez, & puis arriuez au lieu. Et comme en entrant, i'eusse ietté ma veuë par tout, regardant d'vn œil sans arrest & curieux, estant certainement esmerueillé de la gentillesse & proprieté du lieu. Mon bon homme, dis-ie, & quel lieu de plaisance est-ce cy, quelle splendeur. Langius, vous auez icy vn ciel non

Côme nous allasmes en son iardin.

Sa beauté, & plaisance.

par vn iardin, & vrayment ces feux
celestes ne brillent pas dauantage
quãd la nuit est serene, que ces vostres
esclairantes & reluisantes fleurs. On
parle des iardins d'Adonis & d'Alci-
noé, ce sont badineries & images de
mouches au regard de ceux cy. Et
quant & quant m'aprochãt plus pres,
& approchant de mon nez ou de mes
yeux quelques fleurs. Que desireray-
ie, dis-ie, ou d'estre fait tout œil auec
Argus, ou nez auec Catule, tant ce
plaisir m'alleche & chatouille l'vn &
l'autre sens? Retirez vous toutes senteurs d'Arabie, qui n'estes qu'eau puã-
te au pris de ce doux air & celeste
odeur que repoussent ces fleurs. Langius me serrant doucement la main
& non sans rire. Tout beau, dit-il, Lipsius, ny moy ny ma Flore champe-
stre ne meritons si courtoise & honneste loüange, & ie respondy; Toutesfois elle est vraye Langius. Pensez-
vous que ie flatte? Ie le dy à bon escient & du meilleur de mon cœur: les
champs Elisees ne sont elisees au regard de vostre païsage: car voilà quel-

le est ceste beauté qui est icy partout. Quel ordre? que tout est gentimẽt en son petit plan, & iolimẽt en parterres? tellemẽt que les petits carreaux ne le sçauroient estre de meilleure grace en vn pauement. Et quelle abondance de fleurs & herbes? Quelle rareté & nouueauté? qu'il semble que Nature ait enfermé en ce petit lieu tout ce que nostre monde, ou l'autre, à d'excellent.

Loüange generalle des Iardins. Le labeur des Iardins est ancien & de nature. Que les Roys & grãds persõnages s'en sont meslez. Bref le plaisir que l'on y a est proposé aux yeux, & pourtant mon desir n'est point mauuais.

CHAP. II.

CErtes, Langius, le soing que vous prenez pour vos iardins est bon & loüable, & est vn soing, si ie ne suis trompé, auquel par nature tout homme de bien & modeste est attiré. Dequoy le signe est euident, c'est qu'à

<small>Louäge des iardins, & que le soing d'en auoir est nay auec nous.</small>

peine mettrez vous en auant aucune autre volupté à laquelle de tout téps les plus notables se soyét d'vn accord & plus curieusement donnez. Recherchez vous les escritures Sainctes? vous verrez des iardins nais à la naissance du monde, que Dieu a donné au premier homme pour domicile, & comme la demeure de la vie heureuse. Recherchez vous les prophanes, voilà, les fables sont pleines & aussi les contes communs des iardins d'Adonis, d'Alcinoüs, de Tantale, & des Hesperides. Et aux vrayes & certaines histoires, vous trouuerez que Cyrus a planté des vergers, & les fleurs aërees & suspenduës de Semiramis, & la façon nouuelle & tant renõmee des iardins que Massinissa inuenta &dont l'Affrique s'esmerueilla, Combien vous ameneray-ie de grãds personnages entre les premiers Grecs &Romains, qui ayant laissé toutes autres affaires, se sont addonnez à ceste cy? Entre les Grecs en vn mot tous les Sages & Philosophes, qui separez de la folie du palais & de la ville, se sont

Antiquité des labourages des iardins.

De grãs personnages s'y sont addonnez.

enfermez entre les espaces & hayes des Iardins. Et entre les Romains, du têps que ceste premiere Rome estoit. Ie voy le Roy Tarquin se promenant mignardement par les iardins coupant les testes des pauots. Ie recognoy Caton le Censeur addonné au iardinage & qui en escrit serieusemét. Ie voy Lucullus qui s'y donne du plaisir apres ses victoires d'Asie. Sylla ayant reietté la Dictature, y vieillit gayement. Et le Prince Diocletian faisant plus de cas des salades & laittuës d'aupres Salone que des accoustremens de pourpre & de tous Sceptres. Et aussi le vulgaire a en cela suiuy l'aduis des plus sages. A quoy mesme comme ie sçay ont adheré les bônes personnes & les ames qui n'auoient point de mauuaise ambition. Car veritablement il y a en vous vne vertu cachee & nee auec nous, de laquelle ie ne puis aisément rendre les secrettes causes, laquelle nous attire à cest honneste & commode plaisir, & non seulement nous qui y sommes enclins, mais aussi ceux qui manient

Il y a vne volupté interne & cachee en ce soin la.

LE SECOND LIVRE
les grands affaires, & les seueres qui y
resistent & s'en mocquent. Et comme
personne ne peut regarder le ciel &
ses feux celestes sans quelque esmotion de secrette crainte & religion,
de mesme on ne peut voir les sainctes
richesses de la terre & l'ornement de
ce Monde inferieur sans qu'on en ressente vn secret chatouillemẽt de ioye.
Demandez-en à vostre ame ou à vostre pẽsee, elle vous respondra qu'elle

Qui en- n'en est pas seulemẽt attiree par le re-
sorcel- gard, ains aussi nourrie. Enquerez-en
lẽt nos vos yeux & vostre sens, ils confesseront
esprits
& nos ne se pouuoir arrester plus volontai-
sens. rement en autre lieu qu'en ces carreaux & planches de Iardins. Ie vous
Et cet ãt prie arrestez-vous vn peu autour de
pour la ces bandes & amas de fleurs, regardez
quãtité
& varie- moy ceste-cy qui sort de sa cosse, ceste
té des là de son tuyau, & l'autre comme per-
fleurs. çant son boutõ. Voyez ceste-la qui se
meurt tout soudain, & vne autre qui
pousse aussi tost, & bref regardez en
quelque sorte que ce soit le soin & di-
ligence, la forme, la figure, en mille
manieres pareilles & diuerses. Et qui

est l'esprit tant difficile, qui estant entre toutes ces choses ne se fleschisse & amolisse par quelque delicate pensee? Oeil curieux tu es icy, arreste toy vn peu sur ces beautez & peintures. Voy ce pourpre naturel, ce sang, cét yuoire, cette neige, cette flamme, cet or, & toutes ces couleurs qu'il n'est possible à pinceau d'aucũ artisan de pouuoir serieusement contrefaire, mais non pas imiter esgalemẽt. Finalemẽt qu'elle est ceste odeur qui se repousse tant viuement? Quel esprit penetrant? Et ie ne sçay quelle partie de cest air celeste infuse d'enhaut? De sorte que nos Poëtes n'õt point feint sans cause que quelques fleurs estoient nee de la substance ou sang des Dieux immortels. O source veritablement source de ioye & entiere volupté! O la demeure de Venus & des Graces, que mon repos, & ma vie soit en vos ombrages, qu'il me soit permis d'aller d'vn œil gay & entr'ouuert errant entre ces herbes, entre ces fleurs du mõde cognu & de l'incognu, estant separé des guerres ciuiles, & tourner çà &

Que de couleurs.

Et odeurs.

Mon vœu.

LE SECOND LIVRE

là ma main & mon visage, maintenãt vers ceste-cy qui ternit, puis vers ceste là qui leue, & estre icy abusé par vne tromperie vuide de toutes cures & trauaux.

Il est icy disputé cõtre certains curieux qui abusent des Iardins à vanité & oisiueté. Quel est le vray vsage d'iceux. Qu'ils sont propres aux Sages & Doctes, & qu'en iceux la sagesse est nourrie & esleuee.

Chap. III.

Ayant dit cecy assez violentemét & d'vne voix & visage eschauffé, Langius me dit d'vne façon douce, Lipsius, certainement vous aymez ceste Nymphe fleurissante & pourpree : mais ie crain que ne l'aymiez pas modestement. Car vous loüez les iardins, mais de telle sorte que vous admirez les choses vaines & estranges qui y sont, & vous obmettez leurs vrays & legitimes plaisirs. Car vous regardez auidement les couleurs tant seulement, & vous arrestez aux carreaux, & demandez des fleurs du môde cognu & incognu. Ie vous prie à quelle fin ? Est-ce afin que ie sçache que vo9 estes de la secte qui s'est esleuee maintenant, d'hommes curieux mal à propos & malicieusement oiseux? Qui ont fait vne chose honneste & bonne, estre l'instrumêt de deux vices qui sont la vanité & l'oisiueté paresseuse. Car pour ceste fin ils ont des Iardins. Ils cherchent par tout & comme mettant leur reputation en cela, quelques petites herbes & fleurs estrãges, & les ayans recouurees les entretiennent & gardent aussi soigneusement, qu'aucune mere son enfant. Ce sont ceux desquels les lettres courent en Thrace, Grece, & Inde, & ce pour l'amour de quelque petite seméce ou caquerolle ; & ausquels c'est plus d'affliction qu'vne fleur nouuelle meure, que si leur ancien amy mouroit. Qui est-ce qui se moquera d'Hortense Romain qui porta le dueil de sõ poisson? Veu que ceux cy le portêt d'vne plante. Maintenãt si quelqu'vn de ceux qui

Secte des Iardiniers mocquee.

fôt amoureux de Flore a trouué quelque nouuelle rareté cõmẽt est-ce qui la mõstre? Et de quelle sorte l'enuient ceux qui ont le mesme soin pour tascher à faire mieux? Ce que sçachant il n'y en a pas vn qui ne se retire en sa maison plus triste que ne fut iadis Silla ou Marcellus, sur lesquels demandant la Prẽture, fut emportee. Que diray-ie, sinon que c'est icy quelque ioyeuse folie: semblable à celle des enfans qui s'irritent & debattent pour leurs poupees & ioüets, voyez le mesme de ceux-cy en la façon de leurs Iardins. Ils s'asseent, ils se promenent tout autour, ils baillent, ils dorment, & puis c'est tout. De sorte qu'ils ne les ont pas seulement pour siege de leur loisir & passe-temps: mais pour sepulchre de leur paresse. Genre profane! & qu'à bon droict ie chasseroye des misteres du vray & secret Iardin, que ie feray estre fait pour le plaisir honneste, non pour la vanité; pour le repos, non pour la fetardise. Seray-ie tãt inconstant qu'vne petite herbe assez rare que i'auray acquis ou perdu me fasse

Du vrai vsage des iardins.

fasse resiouir ou fascher. Au contraire i'estime tout selon son pris, & ayant reieté cest allechement de nouueauté, ie sçay que se sont herbes, ie sçay que ce sõt fleurs, c'est à dire choses de peu & passantes, desquelles le Prince des Poëtes a bien dit,

Zephir d'vn vent les fait venir
Et d'vn autre les fait mourir.

<small>Qui n'est point en l'estimation des fleurs.</small>

Parquoy ie ne mesprise point ces delices & gentillesses, comme vous pouuez voir par cecy; mais ie differe en cela de ces effeminez iardiniers, que ie recerche ces choses sans m'en passionner, ie les ay sans soing, & les perds sãs m'en soucier. Aussi ne suis-ie pas si lasche, ny mesme tant mort, que ie me cache en ces ombres de Iardins cõme si ie m'y enseuelissois. Ie trouue des affaires en ce repos, & l'esprit trouue à s'employer sans action & y trauailler sans peine. Cestuy-la disoit bien, *Ie ne suis iamais moins seul que quand ie suis seul, ny moins sans riẽ faire que quand ie ne fay rien.* Parole excellente, & que i'ose dire estre nee dans les mesmes Iardins. Car ils sont

<small>Mais au repos & à vn honeste relasche d'esprit.</small>

Ils sont fort propres pour nous destourner des soucis.

faicts pour tel esprit & non pour le corps, pour resiouir l'ame, & non recreer le corps, & pour vn arrest & destour des soucis & affaires. Les hommes vous ennuyent-ils? Vous serez icy à part vous. L'occupation vous a elle deseché, vous vous rafraischirez icy, où se trouue la nourriture de repos pour l'esprit, & comme l'inspiration d'vne nouuelle vie par vn air plus pur.

Et pour prendre l'air

C'estoit iadis la maison des sages.

Par quoy voyez-vous ces Sages anciens? ils ont demeuré és Iardins. Considerez-vous ces doctes & sçauantes ames de ce temps? elles se plaisent aux Iardins. Et tant de diuers & diuins escrits que nous admirons & qu'aucune suite de temps ny vieillesse n'abolira, ont esté forgez és Iardins. Nous sommes tenus à ce verdoyant Lixe, de tant de belles disputes qui y ont esté faites de la nature, & des mœurs à l'ombragee Academie: & les seconds ruisseaux de sagesse qui s'espandent par tout, lesquels nous auons beu, & qui par vn ample deluge ont heureusement noyé toute la terre, descoulent des allees des Iardins. Et certes l'esprit

s'esleue & dresse d'auantage aux cho- *Propres*
ses hautes, quand franc & deliure il *pour*
void son ciel, que quand il est enfer- *mediter &*
mé dans les prisons des maisons ou *compo-*
des villes. Vous Poëtes chantez moy *ser.*
icy vn vers qui ne meurt iamais. Vous
gens de lettres faictes icy de belles re-
cerches & y escriuez. Vous Philosophes disputez icy de la tranquilité,
de la Constance, de la vie & de la
mort. Voylà, Lipsius, le vray Sage & la vraye fin des Iardins. Le repos, dis-ie, le lieu où on se retire à part,
le lieu de mediter, de lire & d'escrire,
& toutes-fois comme par relasche &
par ieu. Et comme les peintres, qui
ayant les yeux lassez pour les auoir
trop arrestez en vn lieu, regardent en
vn miroir ou sur vne verdure pour en
r'assembler les forces, ainsi faisons à
nostre esprit, las ou esgaré. Voyez-
vous ceste tonnelle faite de verdure?
C'est vne maison des Muses, c'est mon *Et prin-*
eschole & lieu d'exercice & la sapien- *cipale-*
ce. C'est là que i'emply mon cœur de *ment*
bonne lecture & pleine de secrets, ou *pour l'e-*
que i'y iette vne semence de bonnes *xercice*
de la sa-
pience.

pensees. Et comme on met d'ordre ses armes en son cabinet, ainsi ie serre de ces lieux des enseignements, en mon esprit, que ie trouue prests contre la force & varieté de fortune. Toutes les fois que i'y mets le pied, ie commande à toutes indignes & seruiles pensees de se retirer & demeurer dehors, & ayant la teste tant esleuee que ie puis, ie desprise les affections du profane vulgaire de ceste grande vanité que ie voy és affaires humaines. Il me semble que ie me despoüille de l'homme, & que ie suis rauy par les chariots ardans de la Sapience. Pensez-vous quand ie suis là que ie me soucie de ce que les François ou Espagnols entreprennent ? Qui gagnera ou perdra la domination de Flandres. Si le tyran d'Asie nous menace par mer ou par terre? Ou finalement,

----que pense---.
Sous le septētriō le Roy des païs froids?

Rien de tout cela. Ie demeure dans moy-mesme muny & reparé contre toutes choses externes ; deliuré de tout soucy excepté d'vn, c'est que ie submette à la droite raison & à Dieu mon esprit las & contraint, & à l'esprit toutes les affaires humaines. Afin que quand viendra mon iour fatal, que ie le reçoiue ioyeux & d'vn visage non estonné, & que ie sorte de ceste vie non comme en estant chassé, mais comme enuoyé. Lipsius, voilà à quoy ie m'amuse és Iardins, ce sont les fruits que i'y cueille, que ie ne changerois pas (tant que i'auray l'entendement sain) à toutes les richesses des Perses ou des Indiens.

Exhortation à la Sapience, que par elle on paruient à la Constance. Et la ieunesse est à bon escient admonnestee qu'elle ioigne les serieuses estudes de la Philosophie auec les plus ioyeuses & liberales.

CHAP. IIII.

LAngius auoit ainsi parlé, & par ce dernier tres-excellent & arresté propos, m'auoit tant estonné que ie ne sçauois que ie faisois, ie le confesse à la verité, toutes-fois ie reuins à moy, disant, ô que vous estes heureux d'estre tousiours de mesme en repos ou en affaires, ô vie à peine humaine en vn homme! Pleust à Dieu qu'il me fut permis de l'imiter en quelque partie, & glisser par ces alleures tant loin que ce pourroit estre. Langius, comme en reprenant dit, imiter, dit-il, mais plustost surmonter, & n'auez pas seulement droict de suiure, ains d'aller deuant. Car, Lipsius, nous sommes bien peu, voire bien peu aduancez en ce chemin de Constance & de vertu, & ne sommes point encor' esgaux aux vaillans & gens de bien, mais peut estre vn peu plus roides que ceux qui sont miserablement coüards ou malins. Or vous qui paroissez d'vne façō viue & braue, aprestez vous & suiuez moy en ceste voye qui conduit tout droict à la Fermeté & Constance. La voye que ie dy, est la Sapience, de laquelle ie vous prie & vous aduertis, ne vouloir plus long temps differer à suiure le sentier vny & tranquille. Auez vous pas aymé iusques à ceste heure

Le chemin est ouuert à tous à la constance.

Par la Sapience.

Blasme du seul desir des lettres.

les lettres & ces neuf Deesses ? Cela m'est fort agreable : car ie sçay qu'il faut premierement esbaucher & preparer les esprits, par ceste gentille & externe doctrine : *car deuant* (comme dit saint Augustin) *il n'est pas assez suffisant, afin que l'on luy baille en garde les semences diuines*. Mais cela ne me desplaist si vous y voulez arrester, & comme on dit que ces estudes vous soyent vne prouë & vne pouppe. Ces estudes doiuent estre nos commencemens, non nostre labeur, nostre chemin, & non nostre but. Si vous estiez en quelque bâquet ie croy que vous ne tasteriez pas seulemēt au dessert & aux tartres: mais vous soustiendriez vostre estomach de quelques viandes plus solides. Et pourquoy ne faict-on de mesme en ce public banquet de doctrines? Pourquoy dis-ie est ce que l'on n'adiouste ceste ferme viande de Philosophie aux douceurs des Orateurs & Poëtes ? Et afin que vous ne me calomniez en vous-mesme, ie ne veux pas que l'on les delaisse, mais que ceste-cy y soit adiou-

lib. x. de Ordine.

si la philosophie n'y estioincte.

F iiij

stee,& q̃ par maniere de dire,l'on tempere ces Nymphes libres & vagabondes par vn plus seuere Bachus. Ce n'est point sans raison qu'en Homere,on se mocque de ces amoureux qui ayant laissé Penelopé s'adresserent à ses chābrieres, gardez qu'il ne vous en prenne de mesme que mesprisant ceste Dame de toutes choses, ne soyez espris que de ses seruantes. C'est vne belle loüange,ô l'homme docte,mais ceste-cy est meilleure, ô l'homme sage, & ceste-cy est la parfaite, ô l'homme de bien.Suyuons-les,& ne mettons point tant de peine pour seulement sçauoir, mais pour estre sages & bien faire,

Contre les courtisans. *Combien sçauoir est peu, si on n'est sage!* comme dit le vieil & vray Prouerbe. Combien y en a-il auiourd'huy en ceste nostre assemblee de sçauans qui se des-honorent,& diffament tout l'honneur des lettres.Aucuns pour ce qu'ils sont pleins de meschancetez & forfaits:plusieurs,pource qu'ils sõt pleins de vanité, inconstans, faiseurs de chasteaux en Espagne, & n'ayant aucune bonne occupation. Ils apprennent les langues ? Mais les langues seulement. Entendent-ils les autheurs Grecs & Latins ? Mais ils les entendét seulemét : & ce qu'Anaxarchus a iadis bien dit des Atheniens, ils se seruent de la monnoye seulement pour ietter. Ainsi ceux-cy de la science, pour sçauoir. Et ont si peu de soin de la bonne vie & des actiós que comme i'en puis iuger, ce n'est pas sans cause que l'on estime si mal les lettres entre le vulgaire, que l'on les tient comme enseignantes toute meschanceté. Et toutesfois elles enseignent la vertu si on en vse bien. Conioignez maintenant la sagesse, à laquelle les lettres doiuent preparer nos entendemens & non pas les retenir & se les approprier. Car comme certains arbres ne portent pas de fruict s'ils ne sont plantez aupres d'autres côme aupres des masles: ainsi vos vierges n'aporteront aucun fruit si elles ne se sont conioinctes auec la force masle de la sapience. Pourquoy me corrigez-vous Tacitus ? Si vostre vie n'est point amendee ? A quoy faire esclairciffez-vous, Tranquille, veu

que vous estes aux tenebres d'erreur.
A quelle fin effacez vous à Plaute des
taches & marques; Si vous souffrez
que vostre esprit soit tout ord & cras-
seux. Passez quelques-fois à meilleures affaires, acquerez de la doctrine
non seulement pour en auoir la gloire
mais pour vous seruir. Tournez-vous
à la sagesse, qui corrige vos mœurs,
Exhortation pour suyure la sagesse. qui asseure & nettoye vostre esprit
trouble & salle. C'est celle qui peut,
imprimer la vertu, fournir la Constance, & qui seule vous peut ouurir le
Temple de bon Entendement.

La sapience ne s'acquiert par la desirer,
ains par y tascher. Retour au dis-
cours de la Constance. Le desir d'ap-
prendre estre bon signe en la Ieunesse.

Chap. V.

Este admonitiō met en moy vne
grande ardeur que ie n'ay point
celee, & dis-ie mon Pere, maintenāt ie
vous suy d'esprit, Quand sera-ce par
effect? Quel iour sera-ce qui, deuelop-

pé de ces fascheuses pensees, m'arre-
stera au sentier de la vraye sapience?
Et qui par elle me conduira à la Con- La Sa-
stance? Langius, comme en me repre- pience
nant asprement. Est-ce ainsi, dit-il, que quiert
vous souhaitez plustost, que vous ne par le
faites? c'est du tout vainement & com- desir.
me le vulgaire. Car ce n'est point en
desirant comme Cænee és fables, qui
de femme deuint homme, aussi par
desirs de fol vous ne deuiendrez point
sage, ny de leger, constant. Il faut icy
pener, & comme on dit, y mettre la
main auec Minerue. Cerchez, lisez,
apprenez. Escoutant cela, ie le sçay
bien, dis-ie, Langius, mais ie vous
prie vous aussi de grace aydez moy, &
renoüez le fil du discours d'hier qui
fut fascheusement interrompu quand Il re-
on nous appella pour souper. Ie vous tourne
prie, dis-ie, retournez à la Constance, au pro-
de laquelle vous ne differez d'ache- auoit
uer les misteres sans offence. Langius, delaissé
hochant vn peu la teste comme pour
m'esconduire: Que ie m'enferme, dit-
il, encor en ce lieu. Ie ne le feray pas,
Lipsius. Et non vrayment en ce lieu
F vj

que vous deuez sçauoir estre consacré pour mon repos, & non pour y vacquer aux affaires. Aussi qu'vne autre fois nous acheuerons ceste course. Mais dif-ie, plustost à ceste heure, & quel lieu peut estre plus propre à ce discours de Sapience que ceste vostre maison de Sagesse? Ie dis ceste Tonnelle, que i'estime autant qu'vn Temple, & la petite table qui y est autant qu'vn Autel, aupres de laquelle assis nous sacrifirons ainsi qu'il appartient à ceste Deesse. Et auec cela ie pren d'icelle vn bon presage. Et quel est-il, dit Langius. Cestuy-cy, dif-ie, que côme ceux qui ont esté assis en la boutique d'vn drogueur ou parfumeur réportent auec eux en leurs accoustremens l'odeur du lieu. Ainsi i'ay espoir qu'vne douce aleine de la Sapience s'atachera à mon esprit pour auoir enuironné ceste sienne boutique. Langius riant, dit, ie crains qu'il n'y ait gueres de poix en si leger augure, toutes-fois, Lipsius, allons. Car ie ne dissimule point, ceste noble ardeur m'excite aussi & m'eschaufe. Et comme les

Fonteniers quand ils voyent au matin quelque vapeur sortant violentemēt de la terre, iugent de là qu'il y a là de l'eau cachee, ainsi i'ay esperance d'vne seconde source de vertu quand ce grand desir d'apprendre procede & apparoist en vn ieune homme. Et parlant ainsi, me mena & fit entrer en la Tonnelle. Il s'assied aupres de la table & m'estant premierement addressé aux vallets, ô vous leur dis-ie, Demeurez-là, & prenez garde, & sur tout fermez bien ceste porte. Et entendez vous? Il y va de vostre vie s'il entre icy quelqu'vn. Ie ne veux pas que l'on laisse entrer ny homme, ny chien, ny femme, ny mesme la bonne Fortune, si elle venoit. Cela dit, ie me suis assis: Mais Langius riant à pleine bouche. Auez vous iamais commandé en Roy, dit-il, tant sont imperieux & seueres vos commandemens. Pour le moins, dis-ie, ie me suis bien gardé & à bon droit de l'infortune q̄ m'aduint hier. Quand à vous poursuyuez auec l'ayde de Dieu.

Le desir & ardeur d'apprēdre est vne marque d'vn bō naturel.

Le troisiesme argument pour la Constance, lequel est tiré de l'Vtile. Les ruynes estre bonnes, soit que l'on en considere le commencement ou la fin. Elles ont leur commencement de Dieu qui eternellement & immuablement bon, & partant n'est cause d'aucun mal.

CHAPITRE VI.

Langius sans penser long temps, dit ainsi; Au discours que ie commençay hier de la Côstance, Lipsius, ie ne m'eslongneray point de la Constance, ie suiuray & obserueray l'ordre que ie me suis proposé. Ie me suis fait ainsi que sçauez, comme quatre bataillons, qui combattent pour elle contre la Douleur & le defaut de courage, desquels i'ay desià mis en auant les deux premiers, qui sont de la Prouidence & de la Necessité; & ay assez monstré que les maux publics sont enuoyez d'enhaut & de Dieu, &

Briefue repetition de ce qu'il a dit cy dessus.

qu'ils sont par necessité, & que l'on a beau fuïr, on ne les sçauroit euiter. I'equiperay maintenāt le troisiesme bataillō ou regimēt, qui est appellé Vtilité, & auquel est la compagnie que ie puis dire à bon droit Aydante. Ce regiment, si vous regardez, est fort & plain de ruses : lequel ie ne sçay comment glisse & entre és esprits, & par vne certaine mignarde force les vainc sans les forcer : car il y entre plustost sans qu'on s'en apperçoiue, que par violence. Il persuade & ne contraint point. Et aussi facilement endurons nous d'estre conduits par l'Vtilité, que tirez par la Necessité. C'est ceste cy, Lipsius, que ie vous mets en front, & à vos debiles troupes. Ces maux publiques que nous endurons sont vtiles, & conioints auec nostre profit & commodité interne. Or quels Maux? mais plus veritablemēt Biens, si ayant ployé ce voile d'opinions vous iettez les yeux vers leur commencement, lequel est bō, & vers leur fin qui est bōne. Car certes l'origine de ces miseres (ie le dis & enseigné hier assez) est

Troisiéme raison tirée de l'vtile.
Quelle est sa force.

Les maux publics sont bons.

Pource qu'ils viennēt de Dieu

de Dieu. C'est à dire, non seulement
de ce souuerain bien, mais de l'auteur,
chef & source de tous biens, duquel
il n'est point plus inconuenient qu'il
vienne du mal, qu'il faudroit qu'il fust
mauuais luy-mesme. Ceste puissance
est tant bié faisante & salutaire, qu'elle a autant à desdain d'offencer que
d'estre offencee, & de laquelle l'vnique & souueraine puissáce est *Profiter*.
Parquoy ces anciens qui tastoient és
tenebres quand ils conceuoient ceste
diuinité supresme, la nommoient Iupiter tiré d'vn verbe Latin qui signi-
fie Aider. Or ça pensez vous qu'il se
fasche ou qu'il se courrouce, & qu'il
espande ces afflictions sur les hommes comme quelques traits nuisants?
Vous vous trompez. La Colere, la
Vengeance, la Punition, sont noms de
passiós humaines, & estans nais d'imbecilité conuiennent seulement aux
imbeciles. Or ceste intelligence demeure eternellement en sa benignité,
& ces choses fascheuses qu'elle auan-
ce ou enuoye sont comme medica-
ments tristes aux sens, mais tressalu-

[marginalia:]
Qui n'est si-
nó bié
faisant
& ay-
dant.

Qui ne
les en-
uoye
point
pour
nous e-
stre vne
peine.

Mais en
medica-
ments.

taires de fait & d'action. Platon qui est l'Homere des Philosophes a bien dit, *Dieu ne fait point de mal, & n'est cause d'aucun mal.* Et noſtre ſage Senecque l'a mieux & plus expreſſément dit. *Qui fait que les Dieux font bien ? leur nature. Cestuy-la faut qui pense qu'ils veullent ou puissent nuire, & ne se soucient d'estre offencez, ny d'offencer. Le premier seruice des Dieux est croire qu'ils sont, en apres, rendre l'honneur deu à leur majesté, & à leur bonté, sans laquelle il n'y a point de maiesté. Sçauoir qu'ils sont ceux qui president au mõde, qu'ils gouuernent l'Vniuers comme leur propre, qu'ilz ont le soing du gẽre humain, soigneux mesme de chasque particulier. Ils n'enuoyẽt point de mal & n'en ont point.*

Que la fin des miseres est tousiours conduite à quelque bien, combien que le plus souuent elle auient par meschãs, & pour causes meschantes. Mais que Dieu brise & modere leur violence, tout est accõmodé à nostre vsage, & en passant il est dit pourquoy Dieu se sert des meschans, pour l'execution des miseres.

Chap. VII.

Les maux publics sont aussi bons. Pource q̃ leur fin est tousioars bonne.

LEs miseres donques sont bonnes quand à leur origine,& ie dis aussi quãt à leur fin, pource qu'elles sont tousiours ordõnees pour bien & pour salut. Ie sçay bien que vous venez au deuant de moy sans faire semblant de rien. Et comment cela, direz-vous, n'appert-il pas clairement que ces guerres & saccagements n'ont autre fin que de nuire & fascher? Il est certain,ie le confesse,si vous auez esgard aux hommes, mais elles ne tendent point à ce but si vous cõsiderez Dieu. Et afin que vous l'entendiez du tout

& clairement, il est besoin que ie vous en esclaircisse par certaines distinctions. Il y a deux sortes de Miseres qui viennent de Dieu. Les simples ou pures, & Mixtes ou meslees. I'appelle les simples, *Qui sont purement & simplement de Dieu, sans qu'il entreuienne aucun effect d'entēdement, ou main humaine. Les Mixtes qui viennent de Dieu, mais par effects humains.* Les simples sont, la Famine, la Sterilité, Trēblement de terre, Mines de terre par eau, Deluges, Maladies, Mortalitez. Les Mixtes, la Tyrannie, les Guerres, Foules du peuple, Meurtres. En ces simples tout est clair & apparēt, pour ce qu'ils sont tirez de la mesme source. Ez autres, ie ne nieray point qu'il n'y ait quelques ordures meslees, pour ce qu'elles coulent & viennent par cest impur canal de passions, l'homme se rencontre en icelles: comment vous estonnez vous s'il y a du mal & du peché? mais esmerueillez vo⁹ plustost que la benignité de Dieu est tant preuoyante, qu'elle chāge ceste malice en salut, & ce peché en bien. Voyez

Il y en a de ux sortes. Les simples viēnent de Dieu.

Et les autres par la faute des hōmes.

En ces derniers il y a du mal. Que Dieu toutesfois effacera en ce qui no⁹ cōcerne.

vous ce tyrā qui ne souspire que menaces & meurtre? duquel tout le plaisir est de nuire? qui desire de perir pourueu qu'il perde autruy? Laissez-le, il se perdra en son conseil, & par vn secret lien, Dieu le tirera sans qu'il le sache & en depit de luy, à sa fin. Comme la flesche viēt au but de celuy qui la tire sans qu'elle en cognoisse rien, ainsi en aduiēdra à tous ces meschās: car ceste force supresme bride & retient toute puissance humaine, & conduit à ce but salutaire leurs pas qui fouruoyent. Comme il y en a en vne armee des soldats de diuerses passiōs, si que cestuy cy est incité par le butin cestuy-la par l'honneur, l'autre par la haine, toutesfois ils combattent tous pour la victoire & pour le Prince: ainsi toutes ces volontez bōnes & mauuaises font la guerre pour Dieu, & entre plusieurs fins, viennent toutesfois, par maniere de dire, à ceste fin des fins. Mais pourquoy, direz vous, Dieu se sert-il de l'aide des meschans? pourquoy n'enuoye-il ses miseres qui soiēt bonnes, ou a tout le moins par de bōs

Il meine où il veut les hōmes.

Que cela n'est pas inique s'il noº cha stie par les autres.

diſtributeurs?Vo⁹vo⁹ enquerez trop curieuſement, mon amy,& ne ſçay ſi viendray à bout de ce ſecret. Ie ſçay cela, qu'il eſt fort certain de ce qu'il fait auec raiſon, encor que nous n'en ſçachions rien. Et toutesfois qu'y a il icy d'eſtrange ou de nouueau? Voylà, le Iuge de la Prouince fait le procez à quelque meſchant ſelon la loy, & il commande qu'il ſoit executé par le bourreau ou le ſergent. En quelque grande famille le pere chaſtie quelquesfois ſon enfant luy-meſme, & quelquesfois il en donne la charge au ſeruiteur ou au pedagogue; Pourquoi Dieu n'aura-il la meſme auctorité? Pourquoy, quãd il luy ſemblera bon, ne nous battra-il luy meſme de ſa main, & d'vne autre quand il luy plaira? En cecy il n'y a nul mal, ny tort. Ce ſeruiteur la eſt-il courroucé contre vous ? Deſire-il de vous faſcher? Cela n'importe, laiſſez-le là, & ayez eſgard à la volonté de celuy qui commande. Certes le pere qui le fait faire eſt preſent; & n'endurera pas que l'on vous face la moindre playe du mõde

Ny aussi auec les pechez des autres car il y a vne certaine cause de cela
In Enchiridion ca. 11.

outre ce qu'il a ordonné. Mais pourquoy est le peché meslé en cecy, & le venin des passiós est attaché à ces flesches diuines? Vous m'appellez pour monter sur vne colline qui est bien roide & aspre: à laquelle toutesfois ie m'essayeray afin de monstrer sa sagesse & puissance. *Il a estimé qu'il estoit meilleur du mal en faire du bien, que de ne permettre qu'il ne se fit aucun mal.* Ces paroles sont de sainct Augustin. Or qui est plus sage ou meilleur, que celuy qui peut du mal tirer du biē. Et ce qui est trouué tendre à la ruïne, le changer à ce qu'il tēde au salut? Vous loüez bien le Medecin, qui pour vn effect tres-salutaire mesle la vipere en sa Theriaque: & pourquoy ne trouuerez vous bon si en ce medicament pour les miseres, Dieu proportionne quelques maux humains sans qu'il vous en aduiēne mal? Certes il cuit & consomme tout ce venin adiousté, par le secret feu de sa Prouidence. Bref, cela monstre sa puissance & sa gloire à quoy necessairemēt il rapporte toutes ces choses. Car qu'est-ce qui fait mieux paroiſtre ſa force, que non ſeulement il vainc ſes ennemis qui combatent contre luy, mais il les vainc de telle ſorte qu'il attire à ſoy & eux & leurs armees? afin qu'ils facẽt la guerre pour luy? qu'ils portent les armes afin qu'il ait la victoire? Ce qui auient tous les iours tant en ce que la volonté de Dieu eſt faite ſur les meſchans, encor que ce ne ſoit point par les mechans, qu'en ce qu'il deſtourne ce que les meſchans font contre ſa volonté, de telle ſorte qu'il ne ſe face outre ſon vouloir. Et quel miracle peut eſtre plus grand que ceſtui-cy, *Les mauuais facent deuenir bons les meſchãs.* Voilà, Toy C. Cæſar viens vn peu, va & foules enſemble ſous tes pieds ces deux noms ſaincts, la Patrie & ton Gẽdre. Ceſte tienne Ambition encor que tu n'en ſçaches rien, ſeruira à Dieu: & meſme auſſi ſeruira au païs, contre lequel elle auoit eſté entrepriſe. Car elle ſera le reſtabliſſement & ſalut de l'Eſtat Romain. Toy Attila vole des bouts du monde, alteré de ſang & de butin: Pren, tuë, bruſle, gaſte, ceſte

Les meſchans ſeruent à Dieu maugré eux.

Boëtiº de conſolatione.

cruauté combattra pour Dieu, & ne
fera que pour chaſtier les Chreſtiens,
plongez & enſeuelis en vices & delices. Quoy? vous deux Veſpaſiens
ruïnez la Iudee & les Iuifs? prenez &
renuerſez la ſaincte cité. A quelle fin?
vous le faites pour voſtre gloire &
pour aggrandir voſtre Empire: mais
vous faillez. De vray vous eſtes les
bourreaux & executeurs de la vengeance diuine ſur la gent ſans pieté.
Allez, & vous qui poſſible faites mourir des Chreſtiens à Rome, vengez
en Iudee la mort de Chriſt. Et vous
noſtre Gouuerneur venu d'Occident
ou d'Orient, que peſez vous faire par
ceſte guerre & ces fieres armes? Aſ-
ſeurer l'Empire de noſtre Roy, comme vous penſez, & maintenir la puiſ-
ſance de voſtre nation. Vous vous
trompez auſſi: car vous n'eſtes que le
fleau & fouët des Flamans qui ſont
trop desbordez. Nous n'auós peu di-
gerer noſtre felicité ſans eſtre aydez
de ces bains de Neron. De tout temps
il y a eu de tels exemples, que par les
mauuaiſes affections des autres, Dieu
a executé

a executé sa bonne volonté, par leur iniustice il a fait paroistre ses iustes iugemés. Parquoy, Lipsius, admirons la force de ceste Sapience secrette & ne la recherchons curieusement, & sçachons que toutes miseres sont bōnes par leur fin, encor que nostre aueugle entendement n'en cognoisse rien, ou que bien tard il paruienne iusques à ce point là d'en attendre quelque chose. Car biē souuēt nous ignorons leur vraye fin : toutesfois elles nous auiennent sans que le sçachions; ne plus ne moins que quelques fleuues, qui desrobez de nos yeux & cachez sous la terre vont neantmoins en leur mer.

Il est discouru plus distinctement de la fin de ces miseres. Qu'il y en a de trois sortes: Quelles elles sont, & à qui elles se rapportent. En apres vn peu plus amplement des trauaux qui aux gēs de bien profitent en plusieurs façons, les asseurant, esprouuant, conduisant.

G

Chap. VIII.

Que s'il m'est permis de mettre les voiles au vent, & pousser plus haut mon vaisseau en ce destroit des affaires diuines : Ie pourray possible mettre en auant touchant la fin de ces miseres quelque chose plus distinctement & clairement. Ayant à bonne raison dit premierement ce vers d'Homere,

Si ie puis faire cela, ou si cela se peut faire.

Car entre ces fins il y en a qu'il me semble que ie puis certainemẽt comprendre & remarquer, & il y en a d'autres qui sont douteuses & que l'on ne peut apperceuoir à cause de leur confusion : d'entre les certaines il y a ces trois, pour exercer, pour chastier, pour punir. Car le plus souuent ces miseres sont enuoyez ou pour exercer les gens de bien, ou chastier ceux qui ont failly, ou punir les meschãs, & tout pour nostre biẽ. Et afin q̃ ie recognoisse, & m'arreste vn peu sur

[marginal note: Trois fins des des miseres.]

ceste premiere fin. Nous voyons tous les iours tous les plus gens de bien estre ou en leur particulier oppressez de miseres, ou estre enueloppez en icelles ensemble auec les meschans, nous le voyons & nous en esmerueillons, pource que nous n'en comprenons pas assez la cause & n'en considerons pas la fin. L'amour de Dieu & nō la haine enuers nous en est la cause: le bien qui nous en vient & non l'ennuy en est la fin. Car ce trauail nous ayde en plusieurs sortes, il nous Cōfirme, Esprouue, & Cōduit. Il nous confirme, pource que c'est comme vne escole en laquelle Dieu enseigne les siens à la force & à la vertu. Nous voyons que les Lutteurs s'exercent en plusieurs difficiles labeurs pour vaincre, iugez qu'il faut faire le mesme en ce lieu d'exercice aux miseres: car nostre maistre est rude, qui requiert sans excuse beaucoup de labeur & de patience, non seulement iusques à s'eschauffer, mais à suer sang & eau. Estimez vous qu'il traitte les siens delicatement? qu'il les couue en delices &

Premierement pour nous exercer.

Ce qui noꝰ profite en trois façons. En noꝰ confirmant.

G ij

trop aife? il ne le fait pas: ce font les meres qui le plus fouuent par l'apparence des douceurs corrompent & effeminent leurs enfans, mais les peres les conferuent par ce qui femble eftre fafcheux. Or ceftuy-la eft noftre pere; & partant il nous ayme veritablemēt & feuerement. Si vous voulez eftre Nautonnier, il faut que vous appreniez par les tempeftes. Si vous voulez eftre Soldat, il faudra apprendre parmy les dangers. Si vous voulez eftre vrayement homme, pourquoy refufez vous les afflictions? Voyez vous point ces corps lāguiffans & qui font toufiours à l'ombre, que le Soleil ne voit gueres, que le vent n'a point eftraints, & que le plus fafcheux air n'a point frayez? Tels font les efprits de ces delicats & continuellement heureux, que le moindre air de mauuaife fortune fera tomber & diffiper. Doncques les miferes affeurent, comme les arbres agitez de vents, pouffent leurs racines plus auant en terre: ainfi les gens de bien empoignēt d'auantage de la vertu, quand ils font

quelquesfois esmeus de petits vents
des aduersitez. Mais les miseres es- *Esprou-*
prouuent aussi: car s'il en estoit autre- *uant.*
ment, comment est-ce qu'aucun se-
roit asseuré de sa fermeté ou du profit
qu'il a fait? Que le vent donne tousiours en poupe au Pilote, il ne desploi-
ra iamais les secrets de son art. Que
tout succede à l'homme prosperemēt
& a souhait: il ne monstrera iamais sa
vertu: car l'affliction est son vnique &
non trompeuse espreuue. Demetrius a
excellemment & veritablement bien
dit, *Ie ne pense point qu'il y ait rien de si
malheureux que celuy auquel il ne sur-
uint iamais d'aduersité.* Car nostre
chef n'espargne point ceux-la, mais
s'en deffie: il ne leur souffre point tout
ce qu'ils veulēt, ains les rejete & mesprise: Il les casse de ses armees comme poltrons & coüards. Finalement *Et con-*
les miseres conduisent, pource que la *duisant*
force & patience des gens de bien a
supporté les afflictiōs, & est cōme vne
lumiere à ce monde plein de tenebres. Ils appellent les autres par leur
exemple, pour suyure le mesme, ainsi

G iij

que s'ils traçoient le sentier par où ils doiuēt aller. Bias perdit biens & païs: mais aussi iusques auiourd'huy il presche aux mortels, *qu'ils portēt to⁹ leurs biens auec eux*. Regulus est honteusement pery au mylieu des tourments: mais cest excellent exemple de foy est viuāt. Papinian est mis à mort par le Tyrā: mais ceste hache imprime en nous l'asseurance de mourir par iustice. En fin il y a tant eu de notables citoyens chassez & tuez par force & à tort: Mais nous boiuons tous les iours la Constance & la vertu de ces ruisseaux de sang. Toutesfois cela demeureroit enseuely és tenebres sans ce flābeau de miseres: car comme si vous broyez les senteurs & aromatiques, elles espandront plus loin leur odeur: ainsi la renommee de la vertu s'estēd si vous la pressez.

Du chastiment qui est la seconde fin aussi est-il monstré qu'elle nous profite doublement.

Chap. IX.

Maintenāt l'autre fin est de chastier, & ie nie qu'il y ait riē qu'ō trouue plus doux ou meilleur pour le salut. Car cela ayde & garde doublement, soit qu'il serue au lieu de fouët quand nous auons peché, ou de bride que ne pechiōs. De fouët certes, pour ce que c'est la main paternelle qui bat souuent ceux qui sont cheus. Et celle du bourreau qui frappe tard mais punit pour vne fois. Comme on nettoye l'impureté de certaines choses par le feu, & les ordures d'autres par l'eau, ainsi par les miseres les pechez sont nettoyez. Et certes, Lipsius, nous sentons à bon droit le fouët maintenant: car il y a long temps que nous Flamens sommes cheuts, & corrompus par delices & richesses, nous nous sommes precipitez en la voye des vices où nous auons continué. Mais ce grand Dieu nous aduertit & appelle doucement, nous fouëtrant vn peu, afin que nous soyons aduertis de re-

L'autre fin de nos miseres est pour noʻ chastier. Lequel chastimēt noʻ oste ou efface nos pechez.

tourner à nous, & principalement à luy. Il nous oste nos biens, pource que nous en auons vsé debordément. La liberté, pource que nous en auons abusé à licence effrenee. Est-ce comme pour effacer & nettoyer nos offences par ceste gracieuse verge de calamitez. Gracieuse vrayment: car combien est peu grande ceste satisfaction. On dit que quand les Perses ont condamné quelqu'vn de grand lieu, à quelque supplice qu'ils luy ostent sa robe & son turban, & les ayant pendus en l'air, les battent comme si c'e-

Ou nous en destourne. stoit l'homme mesme: nostre pere en fait ainsi, qui en tout chastiment qu'il nous enuoye ne nous touche point, mais nostre corps, nos terres, nos richesses & toutes les choses externes.

C'est Dieu qui cognoissant nos maladies internes nous enuoye ces chastimés. Or le chastiment est vne bride qu'il nous met à propos quand il void que nous apprestons à pecher. Comme les Medecins quelquesfois & auec beaucoup de preuoyance vous tirent du sang, non pource que vous soyez malade, mais de peur que ne le soyez, ainsi par ces miseres Dieu nous oste quelque chose qui autremēt nous seroit matiere & nourriture de vices. Car il congnoist le naturel de tout ce qu'il a fait, & ne iuge point les maladies par les veines ou par la couleur, mais par la poictrine & par les plus petits falaméts. Il void les esprits Tuscains trop prompts & esueillez, il les reprime par vn Prince. Et ceux des Suisses posez & doux, il leur permet la liberté. Ceux des Venitiens tenir le milieu : il leur donne vn reglement moyen, & possible qu'il changera toutes ces choses quand elles mesmes se changeront. Toutesfois nous nous plaignōs, & pourquoy disent-ils sommes nous plus long temps affligez de guerres que les autres, & pourquoy sommes nous traittez plus rudement? Fol & à ceste heure vrayement malade, estes vous plus sage que Dieu. Dites moy, pourquoy est-ce que le Medecin ordonne plus d'absinte ou d'ellebore à cestui-cy, qu'à cestuy la! C'est pource que sa maladie ou son naturel le requiert. Pensez le mesme en vous. Il void parauanture que ce peuple est

C'est pourquoy c'est temerité de se plaīdre de ceste medecine qu'il nous enuoye. Car il l'a sçait adapter selon la varieté de nos esprits.

plus farouche, & partant il le faut retenir à coups de fouët, cet autre plus gracieux & qu'il peut estre mené à raison, en le menaçant seulement de la verge. Mais il ne le vous semble pas ainsi. Et de fait cela importe grandement. Les peres & meres mesme ne laisseront tenir vn cousteau ou ferrement à leur enfant, bien qu'il s'en fasche fort : car ils preuoyent qu'il s'en blesseroit, pourquoy Dieu nous laisseroit-il faire à nostre dommage? nous qui sommes vrays enfans, & qui ne sçauons demander ce qui nous est propre, ny reiecter ce qui est nuisible? Toutesfois si vous voulez pleurez-en tant que vous voudrez, si boirez vous ce calice de douleur, que sans cause le Medecin celeste ne vous presente si plein pour le boire.

Les ingeméz q̃ nous apportons en nos maux sõt corrõpus.

Finalement que la Punition est bonne & profitable; eu esgard à Dieu, aux hommes, & à celuy qui est puny.

CHAP. X.

MAis la punitiō est pour les meschans, ie le confesse: elle n'est pas pourtant mauuaise. Car premierement elle est bonne, si vous auez esgard à Dieu : de la iustice duquel l'eternelle & immuable loy, requiert que les pechez des hommes soient corrigez ou effacez. Le chastiment corrige ceux qui peuuent estre lauez, mais ceux qui ne le peuuent la punition les emporte. Elle est encor bonne si vous considerez les hommes, desquels ceste societé ne peut subsister ny durer long temps, si on permet tout sans punition, aux esprits violéts & meschás. Comme pour la particuliere seureté de chacun, il faut mener au supplice vn larron ou meurtrier particulier, aussi pour le bien public, il est necessaire de punir exemplairement quelque grand, & qui ait du credit. Il est quelques-fois necessaire que ces punitions aduiennent aux tyrans & aux grands voleurs de la terre, afin qu'il y ait des exemples qui aduertissent.

La derniere fin de nos miseres est pour nous punir. Laquelle punition est amere, mais bonne au respect de Dieu & des hômes.

Qu'il y a vne lumiere de Iustice qui voit tout.

G vj

qui difent tout haut aux autres Roys & peuples,

Apprenez la Iuſtice eſtât enſeignez & ne meſpriſez les Dieux.

Voire meſme au reſ- pect de ceux qui ſont chaſtiez.

En troiſieſme lieu la punition eſt bonne ſi vous conſiderez ceux meſmes qui ſont punis. Car pour eux elle l'eſt, pource qu'elle n'eſt ny reuenche,

Car ce n'eſt point vengeâce.

ny vengeance proprement, & iamais ce Dieu benin *ne conceut en ſon eſprit de demander par colere des peines violentes*, comme le Poëte Impie a dit bien, & ſelon la pieté, mais ce n'eſt qu'vn certain d'eſtour & reprimende qui empeſche de faire mal, & afin que ie parle clairement auec les Grecs, *Punition, mais non Vengeance*: comme la mort eſt par clemence enuoyé aux gens de bien auât le forfait & de meſme ſorte ſant eſpoir aux meſchâs durât le peché, lequel ils aiment tât que l'on ne les peut ſeparer l'vn de l'autre ſans les retrancher. Dieu doncques quelquefois arreſte ce cours violêt, & retire ceux qui pechent & ceux qui eſtoient pres de pecher. Bref toute peine eſt bonne, au regard de la Iuſtice : comme l'impunité est mauuaise, laquelle fait qu'ils viuent plus long temps, meschás c'est à dire miserables. Boëce a dit clairemét, *Que les meschás qui souffrent au supplice pour leurs mefaits sont plus heureux que si aucū tourment de la iustice ne les punissoit* : & en rend la raison pource qu'il leur auient vn bien (à sçauoir la peine) qu'ils n'auoient point au comble dernier de leurs crimes.

De la quatriesme fin, qui est douteuse à l'homme, qu'elle touche à la conseruation ou ornement de l'Vniuers, chasque chose est amplement expliquee.

Chap. XI.

CEs trois fins, Lipsius, sont certaines & claires, par lesquelles i'ay trauersé assez fermemét. La quatriesme reste où i'ay passé en chancellant: car elle est plus incognuë & reculee qu'il n'est aisé à l'esprit humain d'y entrer asseurément. Ie la voy seulement à

Il y a v̄ne autre fin de nos miseres qui est cōmune & regardante l'Vniuers.

trauers la nuee, & m'eſt permis de m'en douter, non de la ſçauoir : d'aller autour, mais non d'y entrer. La fin que i'entés eſt cómune, & regarde la cóſeruation ou ornement de l'Vniuers. Et ie coniecture de la conſeruation de ce que Dieu qui a ſagement fait & diſpoſé tout cecy, l'a fait de telle ſorte, qu'il mit chacun par certain nombre, accroiſſement & poids : & n'eſt permis à aucun genre d'outre-paſſer ce moyen, ſans le danger ou ruïne de tout. Ainſi ces grands corps, le ciel, la mer, la terre, ont leurs termes ; auſſi à chaque ordre d'animaux le nombre eſt certain ; & aux hómes, aux villes, & aux royaumes. Veulent-ils outre-paſſer ? il eſt donc neceſſaire que quelque tourbillõ de calamitez & tempeſte les abaiſſe : car autrement ils nuiroient & bleſſeroient ce bel œuure de l'Vniuers. Or ils taſchent ſouuent de paſſer outre, principalement ceux qui ont receu l'ordonnance d'engendrer & croiſtre. Or ſus, voyez les hommes, qui eſt-ce qui niera que par nature on n'en voye plus ſouuent naiſtre que mourir natu-

[marginalia: Pour l'orner & conſeruer.]

[marginalia: Toutes choſes crees & principalemét les animees qui multiplient & ſurpaſſent.]

rellement, de sorte que deux hommes de leur race pourront en enfans & enfans d'iceux en engendrer cent, il n'en mourra point d'iceux dix ou vingt. Prenez garde aux troupeaux de bestes, il croistroiët infiniment, sans que les bergers en prennent & choisissent pour enuoyer à la boucherie. Les oyseaux & les poissons empliroient en bref l'air & l'eau, sans les discords & guerres qui sont entre-eux, & les embusches que les hōmes leur dressent. Les villages ou villes, chasque aage s'en bastit & edifie, & sans les feux & ruïnes suruenantes, à grand peine ceste terre & vne autre pourroit comprendre ce qu'il y en auroit de faict. Il vous est permis de vous pourmener par toute ceste nature des choses auec telle consideration. Quelle merueille est-ce doncques si ce pere Saturnien met sa faux dans ce champ qui croist trop, & par peste, ou par guerre en moissonne quelques milliers qui sont superflus ? S'il ne le faisoit quelle region seroit capable pour nous receuoir, & quelle terre seroit

Et ce s'il n'aduient quelque grand accident.

C'est pourquoy il est besoi d'vn glaiue pour moissonner & cueillir. Autrement le monde ne pourroit subsister.

assez abondante pour nous nourrir. Qu'il perisse donc par raison quelque chose és parties, afin que ceste somme cy soit la somme eternelle des sommes. Comme la souueraine loy en tous ceux qui gouuernent les Republiques est le salut du peuple, aussi en Dieu le salut du monde. Or quant à l'Ornement ie le cõsidere doublemẽt: Premierement, pource que ie ne conçois en ceste grande machine, aucun ornement sans varieté & distincte vicissitude de tout. Ie cõfesse que ce Soleil est tres-beau, mais la nuit qui fait couler la rosee, & le manteau de la mort obscure estendu, le rend plus aggreable. Que l'Esté est tres-plaisant, mais combiẽ est-ce que l'Hyuer le fait estimer, & les marbres de glace, & les blanches neiges le font desirer? Que si vous les ostez, veritablement vous osterez le plaisir & la ioye qui touche le plus au cœur pour la presence de la lumiere ou du chaud. Mesmes icy en nostre païs i'ay beaucoup de plaisir de voir la diuersité de tout: ie desire de voir les plaines & collines, les vallees

Duquel toutesfois Dieu a vn soin sur toutes choses. Car les miseres l'ornent & embellissent.

Par vn certain chãgement & varieté de choses.

DE LA CONSTANCE. 81

& les costaux, les champs & les sablõs, les prez & les forests, que si tout estoit de mesme il n'y auroit nul plaisir : car le degoust & rassasiement accompagnent tousiours l'egalité. Et pourquoy sur l'eschaffaut où se iouënt, par maniere de dire, la comedie de ceste vie, prendroy-ie plaisir de voir tout semblable & de mesme sorte. Cela ne me plaira iamais, ains ie feray plus aise, qu'il y ait comme quand les alcions couuét les bonnasses, & du calme, que soudain quelques tourbillõs de guerres, & tempestes de tyrannies furieuses interrompent. Qui est-ce qui voudroit que cest Vniuers fust comme vne mer morte, sans vent, & sans mouuement? Mais ie sens aussi vn autre ornement de plus de consequence & dont le fruit va plus auant. Les histoires me monstrent qu'apres ces pluyes de calamitez tout deuient meilleur & plus traictable. Les guerres tourmentent quelque peuple, aussi elles l'esueillent & subtilisent, & sont cause de diuerses inuentions & arts. Les Romains ont iadis mis vn ioug fort pe-

Elles esueillent les esprits.

sant sur le chef des nations, mais l'issuë en a esté bonne : car comme le Soleil dissipe les brouëes de deuant les yeux, ainsi ce ioug a osté la barbarie des esprits. Que ferions nous maintenant tant François qu'Alemans, si la lumiere de ce grand Empire ne nous eust esclairé? nous estions farouches, hideux, prenans plaisir au sang de nous & des autres, contempteurs de Dieu & des hommes. Et comme ie pense il en aduiendra de mesmes au nouueau monde que les Espagnols ont dissipé par vne certaine cruauté salutaire, & eux mesmes le rempliront & cultiueront. Et comme ceux qui ont de grands vergers, en transplantent quelques autres, en entent quelques vns, en coupent d'autres: & font tout cela sagement pour la commodité & pour le fruit, ainsi fait Dieu au spatieux chãp de ce monde. Car il est laboureur tres-sçauãt: d'vn costé il arrache des familles quelques branches trop chargees: d'autre, il cueille & racle quelques fueilles d'hómes: cela fait grand bien à la tige, & toutes fois les vnes tõbent & les autres sont le iouët du vent. Il void ceste gent desechee, & q est si debile qu'elle ne peut plus suyure les vertus, il l'a reiete, vn autre rude & sterile : il la transporte, & en mesle quelques vnes entr'elles en les entant. Vos Italiés sans force & abatus, pourquoy est-ce q̃ vous occupez le meilleur endroit de la terre ? retirez vous, ces roides & robustes Lombards laboureront plus heureusement ce bon terroüer. Vous mauuais & lasches Grecs, perissez, & que ces Scytes rudes soient plantez & deuiennent plus dous en ce fons. Semblablement par certain meslage de natiõs, vous François occupez la Gaule, Saxons demeurez en Bretagne, Normans venez en la Flandre & en tout ces confins. Toutes lesquelles choses, Lipsius, & encor d'auantage se representent soudain au lecteur diligent par l'histoire, & par les euenemens. Prenons donc cœur & si nous auient quelque particuliere disgrace, sçachons qu'elle profite en quelque partie de l'Vniuers. La desolatiõ de ce peuple ou de ce royau-

La consolation que nous deuons prédre.

me, sera le commencement d'vn autre. La cheute de ceste ville, l'edification d'vne nouuelle, & n'y a rien icy qui proprement meure, mais se change. N'y a il que nous Flamens qui soyons bons deuant Dieu, & seuls ses esleus? seuls tousiours heureux, & seuls les petits poussins que couue la bonne fortune? O fols, ce puissāt pere a beaucoup d'enfans, que vous luy permettrez qu'il eschaufe & reçoiue par interualles en son seing, pource qu'il ne veut ny ne peut les y tenir tous ensemble. Nos Soleils nous ont esclairé, que la nuict soit vn peu icy, & que ceste lumiere rayonnante aille vers l'Occidēt. Senecque selon sa coustume dit bien & excellemment en cecy que *l'homme sage ne se fasche de rien qui luy aduienne, qu'il entende que ce dont il pense estre offensé, appartient à la conseruation de l'Vniuers, & est de ces choses qui parachèuent le cours & deuoir du monde.*

Vieille & vulgaire objection contre la iustice diuine : Pourquoy les peines sont elles inegales ? ceste recerche est fort eslongnee de l'homme, & est demonstree pleine d'impieté.

CHAP. XII.

LAngius faisant icy vne petite pause, ie prins la parole, & dis, vostre discours m'est ainsi qu'est vne fontaine d'eau à ceux qui voyagent durant la chaleur. Elle m'atiedit, me resiouit, & par vne certaine liqueur rafraichissãte tépere ma fieure & ma chaleur : mais vrayement elle la tempere, mais elle ne l'emporte pas. I'ay ceste espine là en l'esprit, qui a mesme poinçonné les anciés de l'inegalité de punir. Car, Langius, si ceste balance de iustice est pour tout esgaler, pourquoy ce dard de miseres, *Par occasion il excuse la iustice diuine.*

——*espargne souuent les coulpables, Et fait mourir ceux la qui ne l'ont merité ?*

Pourquoy, dis-ie, sont réuersez quel-

LE SECOND LIVRE

Par ce que les peines & lesmiseres ne sont distribuees egalement & enuers ceux qui le meritent,

ques peuples incoulpables, & la posterité & enfans sont punis bien souuent pour la faute des peres? I'ay ceste acre fumee aux yeux, que ie vo° prie si vous pouuez ostez-la moy par la lumiere de raison. Langius tout refrongné, me dit, est-ce ainsi que vous me tirez du chemin? Car comme les chasseurs experimentez empeschent que le chien n'ait le change, ains font qu'ils suiuent la mesme beste tousiours, ainsi ie veux que vous ne suiuiez autre train que ce-

Mais il môstre que ceste recerche est par dessus l'homme.

luy que ie vous ay tracé. Ie vous apporte la fin des miseres, qui est telle, que si vous estes homme de bien, vous cognoissiez que c'est pour vous exercer, si vous estes cheu pour vous releuer, si vous estes meschant pour vous punir. Vous me trâsportez aux causes. Esprit incertain, que vous faut-il que vous estes si curieux? Voulez-vous toucher à ces feux celestes? vous fon-

Et conioincte a vn danger.

drez. Montés à la tour de la Prouidence? vous cherrez. Les papillons & autres petis animaux vont volletant ainsi au soir autour de la flamme de la châdelle, tant qu'en fin ils se bruslent: ainsi l'esprit humain va folletant à l'entour de ceste secrette flamme. Dites moy les causes, dites-vous, pourquoy la vengeance diuine espargne les vns & attrappe les autres? Les causes? ie diray asseurément que ie ne les sçay pas: car iamais ceste cour celeste ne m'a encor receu, & n'ay point eu ses decrets. Seulement ie sçay cela que la volonté de Dieu est la cause sur toutes causes. Et qui en cerche vne autre que ceste-cy il ignore la force & la puissance de la nature diuine: car il est necessaire à toute cause d'estre premiere & plus grande que son effet en quelque maniere; or en Dieu & en sa volonté il n'y a rien deuant ou plus grand, il n'y en a donc point de cause. Dieu a espargné, Dieu a touché, que voulez vous d'auantage? *La souueraine iustice est la volōté de Dieu,* comme Saluianus a bien & sainctement dit. Toutes-fois, dit-on, nous demandons quelque raison de ceste inegalité. A qui la demandez-vous? est-ce à Dieu? à qui seul est loisible tout ce qu'il veut, & qui ne veut rien que

Et dans laquelle nous ne voiōs pas clair.

Tout ce q̄ Dieu veut est bō pour ce qu'il le veut.

LE SECOND LIVRE

ce qui est loisible. Si le seruiteur veut faire rendre conte au pere de famille, & le suiet au Prince, l'on pësera que ce soit par moquerie, & l'autre par rebellion; aués vous plus de courage contre Dieu? Arriere ceste peruerse curiosité. *Ce compte n'est point autrement rendu, que s'il n'estoit rendu à personne.* Et toutes-fois apres que vous aurez fait ce que vous pourrez, vous ne vous deueloperez point de vos tenebres, & ne paruiendrez à ces conseils & deliberations, tacites, Sophocles a bien dit,
Ce que cachent les Dieux iamais tu ne sçauras,
Quand mesme iusqu'au fons de tous secrets iras.

Toutesfois pour satisfaire aux curieux il est separémẽt respõdu à trois vieilles obiections, premierement à celle des Meschans impunis, & enseignõs que delay leur est donné & non pardonné, & ce ou pour l'amour des hommes mesmes: ou pour certaine nature de Dieu qui est tardiue à punir.

CHAP.

Chap. XIII.

CEste voye rude & simple est seulement seure icy, Lipsius, les autres sont trompeuses & glissantes pour faire choir. C'est toute la subtilité aux choses diuines & hautes de n'y rien voir, & la seule science de ne rien sçauoir. Toutesfois pource que dés iadis & maintenant ceste petite nuee a enuelopé les esprits, ie vous en desueloperay briefuement si ie puis, & encor que vous teniez contre, ie vous transporteray par ce fleuue. Il regardoit en haut & dit : Toy celeste & eternelle intelligence, sois moy propice & me pardonne, si ie ne parle assez purement & sainctement de ces secrets: toutesfois c'est d'vn desir de pieté. Premierement, Lipsius, il me semble que ie puis soustenir communément la iustice en Dieu, par ce seul coup. Si Dieu prend garde aux choses humaines, il en a aussi soing. S'il en a soing, il les gouuerne, s'il les gouuerne c'est par iugement, si c'est par iugement, com-

Que la simplicité & modestie est agreable à Dieu.

Duquel il approuue la iustice.

H

ment sera-ce iniustement ? Car sans luy il n'y a aucune regle, ains vn tas, vne confusion, & trouble. Qu'auez vous pour opposer à ce trait, quel escu, ou quelles armes ? si vous voulez confesser la verité de l'ignorance humaine. Ie n'entends pas cela, dites vous, pourquoy ceux-cy sont punis & ceux-là ne le sont point. Cela va bien. Adiousterez-vous doncques l'impudence au defaut de sagesse ? & reprendrez-vous la force de ce droit pur & diuin, pource que vous ne l'entendez pas ? Quelle raison pourroit estre plus iuste contre la iustice ? Si quelque estranger vouloit dire son aduis des loix ou coustumes de vostre pays, vous le feriez taire & vous laisser en paix, pource qu'il ne les entend pas. Et vous qui demeurez en ceste terre, condamnerez-vous temerairement les loix du ciel que vous ne sçauez pas ? vous qui estes l'ouurage iugerez-vous l'ouurier ? Or sus toutesfois que cela soit permis, ie vous presseray maintenant de plus pres: & esprouueray distinctement cōme vous

Que nous accusons & blasmōs par nostre ignorance.

demandez par le soleil de raison, les *Trois obiectiōs cō-tre la iu-stice de Dieu.* petites nuees de vostre calōnie. Vous faites trois obiections, qu'il ne punit pas les meschans: qu'il punit ceux qui ne le meritent pas: qu'il change & prend l'vn pour l'autre. Nous dirons premierement du premier. Vous dites *Il res-pond à la pre-miere de ce ǭ Dieu ne punit point les mes-chans.* que la vengeāce diuine espargne mal à propos les meschans. Elle les espar-gne, dites-vous? au contraire comme ie pense, elle differe. Si on me doit beaucoup, & que ie demande en bref à vn ce qu'il me doit, & que ie donne terme à l'autre, dequoy me blasmerez vous? car certes, cela vient de ma vo-lonté & de mon plaisir. Ce grand *Il ou-blie les peines presen-tes mais il ne les remet pas.* Dieu faict de mesme, auquel tous les meschans sont obligez à peine, & il en depesche les vns sur le champ, & il differe aux autres qui payeront auec vsure. Quelle iniquité y a il icy? Si ce n'est que possible vous soyez soigneux des affaires de Dieu, & que vous crai-*A ceste remise on ne luy ga-roit fai-re frau-de.* gnez que par ceste grande douceur il ait de la perte. Mais voꝰ en estes asseu-ré mon amy. Iamais personne ne fera banqueroute à ce grand creancier:

H ij

car nous sommes deuāt ses yeux quelque part que nous fuyons, & mesmes sommes aux ceps & liens. Mais ie voudrois dites-vous, que ce tyran fust puny maintenant, afin que par sa mort presente il fust satisfait à tant de miserables; ainsi la iustice de Dieu paroistroit d'auātage. Que sa iustice paroistroit plus? mais plustost ie voy clairement vostre stupidité. Car qui estes vous qui non seulement enseignez à Dieu la punition, mais aussi luy en ordōnez le temps? L'estimez vous estre vostre Iuge, ou bien seulement vostre Sergent & officier? Va mene-le, frappe, coupe luy la teste, pends-le à cest arbre miserable: car ie le trouue bon ainsi. Ho! quelle impudence est-ce là? mais il plaist autrement à Dieu, que comme vous deuez sçauoir, voit icy vn peu plus clair, & punit pour quelque autre fin. Vous vous eschauffez & estes transporté de certain desir de vēgeance, dequoy Dieu est fort eslongné, il considere de faire pour l'exemple & pour l'amendement des autres. Il sçait tres-bien à qui & quand la cor-

Pourquoy c'est qu'il les oublie ou diffère.

Premierement d'autāt qu'il n'est point trāsporté du desir de vengeāce.

rection peut estre profitable. Il doit y auoir vne grande consideration au temps: car souuent vne medecine tres-bonne estant donnee hors temps deuiet fort dangereuse. Il a depesché Caligula à l'entree de sa tyrannie. Il a souffert Neron brigander vn peu plus long temps, & à Tybere tres-long temps, & ne doutez point que ce n'ait esté pour le bien de ceux mesmes qui lors s'en pleignoiët. Nos mauuaistiez & mœurs non corrigees ont besoin d'vn fouët à tous les iours, mais nous voudrions qu'il fust vistement osté & ietté au feu. Ceste est vne raison de la Tardiueté, laquelle nous touche: l'autre touche Dieu à qui il semble estre naturel, *qu'il vienne d'vn pied lent à sa particuliere vengeance, & qu'il paye ceste tardiueté par la rigueur du supplice.* Synesius a bien dit, *La nature diuine procede lentement & par ordre:* & les anciens n'ont pas failly, qui pour ceste opinion ont feint les Dieux auoir les pieds de laine. De sorte que combien que vous soyez bouillant & hasté à la vengeance, vous ne deuez pourtant

La seco-
de est
d'autăt
que tel
est son
naturel
(s'il faut
ainsi
parler.)
La der-
niere est
pource
qu'il est
clemēt
de son
naturel
& tardif
a la peine.

porter impatiemment ceste attente, qui differe tellement la peine qu'elle l'augmente. Dites moy, si vous regardez iouër vne Tragedie, à sçauoir mon si vous vous courrouceriez de voir qu'au premier & second acte Atreus ou Thyestes en grandeur haut esleuez se promenant par le theatre? qu'ils regnent, qu'ils menacent, qu'ils commandent? Ie ne le pense pas, veu que vous sçauez ceste felicité deuoir estre bresue, & que vous attédez qu'ils periròt honteusemét au dernier acte. Pourquoy en ceste fable du monde estes vous plus inique vers Dieu que vous ne seriez enuers quelque Poëte? Cest impie fleurit. Ce tyran vit. Il est vray: mais estimez que c'est le premier acte, & preuoyez en vostre esprit que ceste ioye tournera en pleurs & angoisses, ce theatre coulera tout en sang, & ces robbes de pourpre & de drap d'or y seront souillees. Car nostre poëte est bon & ne transgressera temerairement les loix de sa tragedie. Ne supportez vous point bien quelques-fois des voix discordantes en la

La vie des meschãs est comparee à vne tragedie.

musique, pource que vous sçauez bien que la fin sera d'accord : faites icy de mesme. Mais ceux qui sont blessez ne voyent pas tousiours ceste punition. Quelle merueille est-ce? le ieu est souuent vn peu bien long, & ils n'ont peu si lõg temps s'arrester au theatre pour tout voir. Toutes-fois les autres le voyent, & non sans cause en ont crainte : car ils en voyent aucuns eslargis en ce rigoureux iugement, & non estre absous, le iour estre differé, & nõ osté. Parquoy, Lipsius, retenez cela qu'il est quelques-fois differé aux meschans & non pardonné, & qu'aucun ne cache en son cœur aucun crime, qui n'ait à dos Nemesis la Deesse de Vengeance : car ceste Deesse le poursuit, & afin que ie die auec Euripide,

--- sans bruit tout doucement marchant
A temps elle viendra surprendre le
   meschant.

H iiij

En apres il est demonstré qu'il y a plusieurs peines, & que quelques vnes sont occultes & internes, qui accompagnent la meschanceté, & que les meschans ne fuyent iamais, qui sont plus cruelles qu'aucunes externes.

CHAP. XIIII.

Toutes-fois il y a plusieurs peines diuines.

Internes.

Apres la mort.

Externes.

TOutes-fois, afin que vous les cōpreniez plus clairemēt, & que ie vous meine vne fois dans la tour de ceste cause: il faut sçauoir qu'il y a trois sortes de peines diuines. Internes, Apres la mort, & Externes. J'appelle les Internes, *Qui touchent l'esprit, tandis qu'il est encor au corps,* comme sont les angoisses, la repentance, la crainte, & mille remords de conscience. Les autres *celles qui touchēt l'esprit, mais c'est apres qu'il est libre & separé du corps,* telles que sont ces peines qui tourmētent les meschans apres la mort, comme mesmes plusieurs des anciens l'ont biē pensé. Les troisiesmes, *qui touchent le corps ou l'enuironnent,* comme pauureté, exil, douleur, maladies, morts. Et aduient souuēt qu'elles aduiennent toutes aux meschans par vn iuste iugement de Dieu : & certes tousiours les deux premieres. Or pour parler des internes : qui est cestuy-la qui ait iamais tant esté abandonné à toute meschanceté, qui n'ait senty en son esprit des cuisants coups de fouët & comme des pointes, soit en faisant le mal, ou plus encor apres l'auoir fait? car il est vray comme disoit iadis Platō que *la punition suit le peché*: ou cōme a dit Hesiode plus vrayement & viuement, *d'vn mesme temps*, le supplice de tout mal-fait est cousin voire nay auec le malfait: & n'y a riē en ceste vie qui soit seur ou libre que l'innocence. Comme selon la coustume des Romains, les condamnez portoient leur gibet, qui les deuoit biē tost porter : ainsi Dieu à chargé tous les meschans du gibet de la conscience qui les punit auant que ils soient punis. Estimez vous qu'il n'y ait autre peine que celle q̄ l'on void? que ce petit corps souffre? Il n'est pas ainsi, toutes ces choses externes nous

Et que les vnes de celles-cy aduiennét aux meschans. Et principalemēt les internes qui poignét & piequent l'esprit.

Et que celles cy sont les plus griefues,

H v

touchent legerement & non profondement ; celles qui angoissent sont les
internes. Comme on iuge plus malade les etiques ou ceux qui sont en
langueur, que ceux qui sont en grande
chaleur ou fieure, bien que leurs mala-
dies paroissent le plus: ainsi sont en pl⁹
griefue peine les meschans, qui par ce-
ste longueur de trauaux sont poussez
à la mort eternelle. Iadis Caligula sou-
loit commander par cruauté, *Frappe
de sorte qu'il se sente mourir*, cela auiët
à ceux-cy, que ce bourreau d'esprit
poind & frappe tous les iours de petits
coups. Que la grandeur ne vous en face point accroire, ny ceste puissance
tant espanduë, ny les richesses: car pour
cela ils ne sont pas plus heureux, que
sont ceux qui ont la fieure ou la gou-
te, bien qu'ils soient couchez dans des
lits de pourpre. Quand on iouë sur vn
eschaffaut, vous voyez vn maraut braue & richement accoustré, qui iouëra
le personnage d'vn Roy: vous le voyez
bien, mais vous n'en estes point en-
uieux: car vous sçauez bien que dessous ceste richesse est la galle, la cras-

*Quiviè-
nér sou-
uét sous
vne fa-
ce & vi-
sage
ioyeux.*

se & l'ordure. Estimez-le mesme en tous ces grands & superbes tyrans. *Desquels, dit Tacite, si les esprits sont considerez, on pourra voir les deschiremens & coups, quand comme les corps sont demembrez de coups, ainsi leur ame est despecee par cruauté, conuoitise, & mauuais desseins.* Ils n'ont souuent, ie le confesse, mais non pas qu'ils soiét ioyeux. Ils s'esiouissent, mais non pas à bon escient. Non plus, certes, que ceux qui sont resserrez aux prisons, & & qu'y estans condamnez à la mort iouënt quelques-fois aux dames, ou aux dez pour se diuertir, mais ils ne se diuertissent point : car la peur du supplice qui les doit accabler demeure imprimee, & iamais l'image de la mort blesme ne se retire de deuant leurs yeux, ayant osté le voile des choses externes, regardez moy, ie vous prie, ce Tyran de Sicile :

Qui penduë a tousiours sur sa meschan-
  te teste
L'espee toute nuë.

Oyez ce Romain se lamentant, *Que tous les Dieux & Deesses me ruinent*

LE SECOND LIVRE

pl° miserablemẽt que ie ne me sens perir tous les iours. Oyez l'autre qui gemissant dit, Ie suis donc seul qui n'ay point d'amy ny d'ennemy. Voicy les vrais tourments des ames, Lipsius, voilà leurs douleurs estre tousiours en angoisse, se repentir, craindre, & gardez vous bien de comparer à cecy aucuns sacs à ietter en l'eau, tortures ou tourmens.

Des peines apres la mort desquelles les Theologiés peuuẽt particulieremẽt discourir. Mais quelquesfois les externe marchet de mãt lesquelles ne manquent gueres.

Aussi les meschans sont punis des peines apres la mort, & souuent aussi par les externes, comme il est prouué par exemples remarquables.

CHAP. XV.

ADiouftez aussi ces peines d'apres la mort & eternelles: lesquelles il me suffit de poser, & ne les employer du milieu de la Theologie. Adiouftez aussi les externes, lesquelles si elles n'aduiennẽt & que l'on face sentir ces premieres, qui est-ce qui blasmera auec raison la iustice celeste? Mais les peines externes ne manquent gueres,

& n'est iamais aduenu (si ce n'est tres-rarement) que ceux qu'on a recognus meschans & faisant tort aux autres, n'ayent esté punis exemplairement & deuant le monde. Les vns plustost, les autres plus tard : les vns en leurs personnes, les autres en celles des leurs. Vous voyez & vous plaignez, vous que Denys Tyran de Sicile demeure tant d'annees impuny, paillardant, volant, tüant ? ayez vn peu de patience. Vous le verrez bien tost sans honneur banny, pauure : & qui le croira ? estre reduit à porter en main la verge au lieu d'vn sceptre. Luy Roy d'vne grande Isle, ouurira l'escole à Corinthe, vn vray ieu de fortune. D'autre costé, serez vous marry de voir Pompee vaincu en Pharsalie, l'armee estant presque toute de Senateurs, de voir vn tyran se ioüer & prendre tout excessif plaisir au sang de ses subiects pour quelque temps ? Ie le vous pardonne : car ie voy non seulement le gouuernail de la Raison estre forcé à Caton mesme, & ceste voix douteuse luy sortir du profond du cœur, *Les af-*

Si ce n'est en leur psonne au mois en leur race. La vraye & miraculeuse punitiõ de Dieu contre Denis le Tyran.

faires du mõde ont beaucoup d'obscurité. Toutesfois vous, Lipsius, voꝰ Caton, tournez vn peu icy les yeux, vn seul regard voꝰ reconcilira auec Dieu. Voyez ce Cæsar, glorieux, victorieux, presque Dieu selon son opinion & celle des autres, tué par le Senat & dans le Senat: non d'vne simple mort, mais frappé de vingt & trois playes se veautrant en son sang comme vne beste, & que vous faut-il d'auantage? au Palais de Pompee où la statuë de Pompee estoit esleuee, il est vne grande victime d'obseques immolee aux esprits d'vn Grand. De mesme i'ay aussi pitié de Brutus qui meurt aux chãps Philippiques pour sa patrie, & auec sa patrie. Mais aussi i'en suis consolé, quand peu apres ie voy ces armees victorieuses, faisans à coups d'espee ainsi que les escrimeurs, s'entretuër comme dessus son tombeau. Et Marc Antoine l'vn des Capitaines vaincu par mer & par terre, estãt entre trois femmelettes, trouuer difficilement la mort par ceste main feminine. Où es tu toy qui n'a-

(marginalia: De Iulles Cæsar. — De Marc Anthoine.)

gueres eſtois ſeigneur de l'Orient? Bourreau des armees Romaines? qui as la confiscation de Pompee & de la Republique? Te voila pendant à vne corde les mains ſanglantes, tu te vas trainant tout vif en ton tombeau ! te voila que tu ne peux meſmes en mourât t'arracher de celle qui te fait mourir! Voyez ſi c'eſt en vain que Brutus a ſouſpiré ceſte extreſme voix, & ce vœu en mourant,

Dieu! l'auteur de ce mal ne te ſçauroit tromper.

Car il n'a peu eſtre caché, ny s'eſchapper: ny de meſme auſſi l'autre chef, qui a manifeſtemét eſté puny de ces ieuneſſes en ſoy, & encor plus appertement en toute ſa race. Que Cæſar ſoit heureux & grand, & vrayement Auguſte: mais toutesfois qu'il ait ſa fille Iulia & ſa niece, qu'il perde quelques vns de ces neueus par fraude & violence, qu'il deſauouë les autres, & puis ennuyé de cela qu'il deſire mourir en s'abſtenant quatre iours de manger & qu'il ne puiſſe, finalement qu'il viue auec ſa Liuie honteuſement priſe &

honteufement retenuë:& que par elle il meure d'vne mort auſſi hōteuſe qu'à eſté deshonneſte l'amour qui le fait perir. *En ſomme, dit Pline, Ce Dieu que ie doute s'il eſt plus dans le ciel qu'il l'a merité, treſpaſſe ayant laiſſé pour heritier le fils de ſon ennemy.* Ces choſes &

Cōcluſion ſur ce propos auec vne complainte de nos maux.

ſemblables doiuent eſtre conſiderees, Lipſius, quand ceſte pleinte d'iniquité ſe met en auant : & adreſſer touſiours ſon eſprit vers deux poincts, au retardement du ſupplice, & à la diuerſité. Ceſtuy-cy n'eſt point puny maintenāt, attēdez, il ſera puny. Il n'eſt point puny en ſon corps, mais poſſible en l'eſprit. Il ne l'eſt point durant ſa vie? mais certes apres ſa mort,

Le ſupplice tardif n'abandonne iamais celuy qui a fait le mal.

Car ceſt œil diuin veille touſiours, & quand vous penſerez qu'il dorme, il cligne. Soyez ſeulement equitable vers luy n'accuſez point folement voſtre iuge, puis qu'il vous doit iuger.

Responſe à l'autre obiection, des incoulpables. Il eſt mōſtré que tous ont merité d'eſtre punis, pource que tous ont failly, & pource que c'eſt les vns plus, les autres moins. Il eſt tresdifficile à l'homme de le pouuoir diſcerner. Qu'il n'y a que Dieu qui voye tous les forfaits, & pource il n'y a que luy qui les puniſſe treſ-iuſtemēt.

Chap. XVI.

Mais vous dites qu'il y a des peuples innocens & nō meſchans qui font punis: car c'eſt voſtre ſeconde complainte, ou pour mieux dire, calomnie. O pauure ieune homme, parlez vous ainſi? Punit-on des innocens? Où doncques auez vous trouué des gens ſans peché: ce ſeroit vne grande aſſeurance, voire temerité, d'eſtimer cela de quelqu'vn, & vous ne faites point de difficulté d'eſtablir des nations qui n'offencēt point? C'eſt trop vainement: car ie le ſçay bien, nous pechons tous & auons peché; nais en

Secōde calōnie qui eſt de ceux qui sōt punis ſans l'auoir merité.

Qui eſt vne vraye calōnie car il n'y eut iamais homme ſans peché.

souillure, nous viuons en souillure : & afin que ie le die ioyeusement auec ce Satyriq, le cabinet d'armes du ciel seroit vuidé, si les foudres estoient tousiours iettees sur les coupables. Il ne faut pas péser que les hômes qui sont nais en la lie du monde ne s'en ressentêt: car ils ne sont pas comme les poissons qui sont nais & nourris en la mer, lesquels ne sentent aucunement le sel. Parquoy si tout le monde est en faute, où seront ces innocens? Car la peine est tres-iustement la perpetuelle cōpagnie du forfait. Mais, dites-vous, ceste inegalité me fasche de ce que quelques vns qui ont le moins fait sont tourmentez, & ceux qui ont cōmis les grandes offences florissent & cōmandent. Ie vous attendois là, vous prendrez, côme ie croy, en vos mains la balance de la iustice celeste, & l'esleuerez selon vostre sens & vos poids: car où tend cest estat que vous faites des forfaits esgaux ou inesgaux, que vous vous attribuez par dessus Dieu? Mais auisez icy à deux choses, Lipsius, Premierement, que l'homme ne doit

Il ne faut point mettre en auāt vne égalité de faute ou de peine.

aussi n'est-ce pas à luy de tenir conte des fautes d'autruy. Comment donc? vous qui n'estes qu'vn petit homme, poiserez-vous esgalement les pechez, & vous ne les apperceuez pas seulement? Que vous les discerniez bien & vous ne les voyez point? Aussi (comme vous me l'accordez aisément) c'est l'esprit qui peche, bien que ce soit par le corps & ces organes des sens, mais de sorte que tout le poids & la charge du crime vient de luy. Ce qui est aussi vray, comme si voꝰ estimiez que celuy qui a peché par force n'a point peché. Que si cela est, ie vous prie comment verrez vous bien le peché, qui ne sçauez son siege, ny où il repose? car vous ne pouuez non plus veoir l'esprit d'vn autre que le vostre. Vostre vanité doncques ou temerité est grande, de vous attribuer la censure, & estime-on vne chose qui n'est point bien veuë ny a voir, ny cogneuë ny à cognoistre. Secondement, pensez cela, encor qu'il fust tres-vray, toutesfois qu'il n'y a rien icy de mauuais ny d'inique. Qu'il n'y a rien de mau-

De quoi l'hôme n'est pas capable d'en iuger.

Côme ceux qui ne peuuét voir l'esprit dôt procede le peché.

La cause de la punitiō qui se faict quelquefois pour le bien de celuy qui est chastié.

uais, pource que cela se fait pour le bien de ceux mesme, qui sont soudain chastiez, voire pour leurs plus petites fautes. Cela est vne amitié diuine, & à bon droit doit-on craindre la longueur laquelle est iointe à vne plus griefue punitiō. Il n'y a aussi rien d'inique, pource que, comme i'ay dit, nous l'auons tous merité, & ceste pureté ne fut iamais, mesme aux plus gens de bien, qu'il n'y soit demeuré des tasches qu'il faut effacer par ceste eau salee de calamitez. Parquoy, mon amy, laissez ce debat embrouillé c'est l'estime des offences, vous qui estes terrestre & petit iuge ignorant. Laissez faire à Dieu qui de son tribunal en cognoistra plus iustement & seurement. Il est seul qui peut peser les merites, luy qui sans aucun blanc ou fard de dissimulation void la vertu & le vice en leur visage naturel. Qui est-ce qui luy en fera accroire, qui cherche diligemment & de mesme sorte l'exterieur & l'interieur? qui void le corps & l'esprit? les longues & les plus subtiles parties, ce qui est descouuert &

Parquoy il en faut laisser le iugement à Dieu.

Auquel on ne peut rié dissimuler ny faire accroire.

ce qui est caché: qui aussi void clairement non seulement les actions, mais aussi leurs causes & progrez. Thales anciennement interrogué, *Si cestuy-là q faisoit iniustement trôpoit les Dieux.* Respondit selon la verité, NON *pas mesme en pensant.* Mais nous au contraire sommes en la nuee, & qui non seulement ne voyós pas les meschancetez cachees, & lesquelles, comme on dit, sont commises entre le seing & la robbe; mais aussi à peine celles qui sont cognuës & mesme mises en lumiere: car nous n'apperceuons point la coulpe ny sa violence: mais quelques marques exterieures de la faute commise & presque passee. Souuent nous estimons les plus gens de bien ceux qui sont tres-meschans deuant Dieu, & au contraire que ses esleus soient reiettez. Si doncq vous estes sage fermez la bouche & les yeux en ce poinct des coulpables ou incoulpables, tant obscures causes ne se cognoissent bien d'icy bas.

té des crimes, qui à vray dire ne sont point diuers, ains conioints par vne certaine communication de semence continuant tousiours. Mais afin que ie laisse ces choses hautes, & que ie procede auec vous par vne suite de raisons plus aisees: sçachez cecy, que Dieu conioint ce que nous separons par nostre imbecilité ou ignorance, & qu'il void les familles, les villes, les Royaumes, non comme vne chose diuerse & cõfuse, mais ainsi qu'vn corps & vne nature. La maison des Scipions ou des Cæsars, ne luy est qu'vne chose. La ville de Rome ou d'Athenes de tout leur aage luy sont tout vn : aussi luy est l'Empire Romain, & à bon droit: car il y a vn certain lieu de loix & communauté de droit, qui lie ces grands corps ensemble, & fait qu'encores qu'ils soient eslongnez l'vn de l'autre par le téps, qu'il y ait entr'eux quelque communion des recompenses & des peines. Parquoy les Scipiõs ont ils esté iadis gens de bien? que cela profite aussi à leur posterité deuant ce grand Iuge celeste. Ont-ils esté meschans?

Pource qu'il cõioint & a deuãt ses yeux la persõne & le crime que nous separons. Les corps & communautez n'est qu'vne chose enuers Dieu.

meschans? cela leur nuise. Les Flamãs ont-ils esté depuis quelque temps lascifs, auares, impies? que noº le payõs. Pource qu'en toute punition externe Dieu n'a seulement esgard à ce qui est present, mais regarde aussi ce qui est passé, & par la petite espace de ces deux temps, il proportionne esgalement la balance de sa iustice. I'ay dit en toute punition externe, & ie desire que le remarquiez. Car les coulpes ne sont point transferees, & ne se faict point vne certaine confusion de crimes: tant s'en faut: mais ce sont certaines peines ou chastiments qui sont seulement autour de nous, & non en nous: & qui proprement touchent les corps & les biens, & non point cét esprit interne. Quel tort y a-il icy? Nous voulons bien estre heritiers de nos ancestres de leurs biens, & recõpense s'il y en a, pourquoy refuserons nous les charges & peines?

Il conioint aussi les têps qui sont separez.

Romain tu payeras le forfait des ancestres
Sans l'auoir merité.

Comme dit ce Poëte Romain, & dit

I

vray, sans qu'il adiouste, *Sans l'auoir merité*. Car c'est à bon droit pour ce que les ancestres ont merité. Mais le Poëte a bien peu voir l'effect, & ne s'est pas esleué iusqu'à la cause. Or comme en vn mesme homme nous punissons à bon droit en sa vieillesse le forfait commis en sa ieunesse: ainsi Dieu punit és Empires & Royaumes les vieilles fautes, pource qu'eu egard à l'externe communion, selon Dieu ils sont vne mesme chose & coniointe, ces interuales de temps ne nous diuisent point enuers luy, qui a toute l'eternité enfermee en son capable entendement. Asçauoir mon si ces loups guerriers Romains ont renuersé tant de villes, ont brisé tant de sceptres, sans en deuoir estre punis ? auroient ils espuisé tant de meurtres & de sang, pour demeurer, sans que le leur soit espandu ? à ceste heure-là ie confesserois qu'il n'y a point de Dieu vengeur *lequel void & oit tout ce que nous faisons*: Mais il n'est pas ainsi. Il est quelquesfois necessaire qu'ils soient punis, au moins en leur posterité, que si

Plaute in captiuis.

c'eſt long temps apres, ce n'eſt pas pourtant trop tard : car ceſte conionction des temps n'eſt pas ſeulement en Dieu, mais elle l'eſt auſſi és parties. Et ie l'entends, comme quand vn homme a volé, paillardé, ou gourmandé, tout le corps en eſt chaſtié : ainſi en vne communauté, le forfaict d'aucuns qui feront peu, s'eſtendra ſouuent ſur tous : principalement ſi ceux qui font le mal ſont comme les membres plus dignes ainſi que Rois, Princes & Magiſtrats. Heſiode a treſbien dit, & l'a tiré du plus ſecret cabinet de la Sapience :

Pour le forfaict d'vn ſeul la ville eſt chaſtiee,
Et ſi quelqu'vn a fait ou ſacrilege ou tort,
Pour cela des hauts cieux Iupiter à iettee
La calamité, peſte, ou famine ----

Ainſi toute l'armee nauale des Grecs eſt perie,
Pour la meſchäceté & furies d'Aiax.

Ainſi en Iudee la peſte tua iuſtemēt enſemble ſeptante mille hõmes, pour l'iniuste conuoitise du Roy. Et il auiét quelquesfois au contraire, lors que tous ont peché : Dieu en eslit vn ou quelque peu comme hostes d'expiation de la faute publique. En quoy s'il se retire vn peu de ce rigoureux droit d'egalité, toutesfois il sourd quelque nouuelle equité de ceste iniquité, & ce qui semble vne cruauté sur quelques vns, est vne clemente iustice sur plusieurs. La verge du precepteur ne frappe-elle pas souuent vn d'entre ceux qui se donnent trop de liberté? Le general de l'armee ne punit-il pas quelques vns d'vn regimēt qui a fuy? Et l'vn & l'autre le fait par vn bō conseil, pource que ceste punition de peu fait craindre tous les autres & se corriger. J'ay veu souuent les Medecins ouurir la veine au pied ou au bras tout le corps estant malade : que sçay-ie s'il en est icy de mesme. Car ce sont des secrets, Lipsius, & si nous sommes sages nous ne toucherons de plus pres ce sainct feu, duquel estans hommes nous en pouuons possible bien voir quelques estincelles & bluëttes, mais

Il se retire de ce discours.

nous ne le pouuons voir: comme ceux qui dreſſent fermement leurs yeux contre le ſoleil s'esblouiſſent, ainſi ceux qui tendent de leur eſprit vers ceſte luëur perdent la lumiere de leur entendemēt. Ie ſuis doncq d'auis que nous abſtenions de ceſte curieuſe recherche qui n'eſt pas ſans peril, & cela ſoit aumoins arreſté entre nous, qu'on ne peut, & ne doit-on proportionner les fautes ſelon le ſens humain, que Dieu a vne autre balance & iuſtice, & en quelque ſorte que ſoient ces ſecrets iugemens, qu'il ne les nous faut blaſmer, ains endurer & reuerer. Ie vous propoſe ceſte ſeule ſentence par laquelle ie mettray fin à cecy, & auſſi clorray la bouche à tous curieux, *Beaucoup des iugemēs de Dieu ſont incognꝰ, mais il n'y en a point d'iniuſtes.*

Qui ne peut eſtre entēdu de nous.

S. Auguſtin.

Nous ſommes venus au dernier lieu tiré des exemples, où il eſt monſtré qu'il eſt proſitable quelquefois, de meſler quelque choſe de gracieux à la medecine ſerieuſe.

CHAP. XVIII.

Voilà, Lipsius, ce que i'ay pensé qu'il falloit dire pour la iustice diuine, contre ces iniustes, que ie confesse n'estre aucunement de mon fait, bien qu'il n'en fut du tout eslongné? pource que sans doute nous supporterons plus aisément & volontairement ces calamitez, estans asseurees qu'elles sont iustes. Et ayant icy fait quelque pause à son discours, Langius, le reprint soudain, disant: Cela va bien, i'ay repris aleine. I'ay passé par dessus tous les escueils de ces questions, & m'est aduis que ie pourray surgir au port à pleins voiles. Ie voy mon quatriesme & dernier regiment que ie feray marcher gayement. Et comme quãd les nochers voyét les Gemeaux durant la tempeste, conçoiuent vne grande esperance & allegresse, ainsi m'en prend-il ayant veu apres tant de trauerses, ceste legion double, & ie puis appeller ainsi ce regiment à la façon ancienne, pource qu'elle a deux chefs, & par elle m'en faut vaincre deux, à sçauoir, que ces maux que nous souffrons à ceste heure ne sont point griefs, ny nouueaux. Ce pendāt que ie tente cecy, Lipsius, escoutez moy & de bon cœur en ce peu qui reste. Ce ne fut iamais de meilleur courage, Langius, dis-ie: car mesme ie suis trescontent d'auoir eschappé ces destroits fascheux, & desire fort apres ceste medecine rude & aspre d'auoir celle qui est plus douce & familiere. Aussi l'escrit qui est dessus me monstre qu'elle sera telle. Vous ne vous trompez pas, dit Langius: car comme les Medecins apres auoir assez cauterisé & decoupé, ne laissent là aussitost le malade, ains appliquēt certaines fomētatiōs benignes & des lenitifs pour appaiser les douleurs, aussi ie vous en fay de mesme, & (comme il me semble) ayant assez purgé par le feu & le fer de la Sapience: Ie vous estuueray par petits discours plus doux, & comme on dit, ie vous traitteray d'vne main plus delicate. Ie descendray de ceste roide montagne de Sapience, & vous conduiray vn petit par les agreables champs de l'amour de vos estu-

Et mōstre que la medecine des esprits se préd des lettres, & principalemēt des histoires.

LE SECOND LIVRE

des d'eloquence, non tant pour vous resiouïr que pour vous guerir. Comme on dit que fit Democrite Medecin pensant vne certaine Damoiselle nõmee Considie, qui auoit en horreur toute forte medecine, & pource luy bailla finemẽt à boire du laict de cheures, mais il les nourrissoit de lentisque : ainsi ie vous verseray quelques choses d'histoire & qui sont plus plaisantes, mais elles seront meslees d'vn certain occulte suc de Sapience. Que importe par quel moyen nous guerissions le malade, pourueu que nous le guerissions?

Que les maux publicqs ne sont pas tant griefs qu'ils semblent. Ce qui est traitté en premier lieu & breuemẽt & demõstré par raison. On craint le plus souuent, mais en vain ce qui est auec les choses suruenãtes, & on ne les craint pas elles mesmes.

CHAPITRE XIX.

MAis vous estes des-jà venuë, ma legion, & vous le premier escadron auec lequel nous combattons, que ces maux ne sont point griefs. Nous voulons que cela se face par deux traits de Raison & de Comparaison de Raison: pource que si vous y auez esgard, veritablement tout ce qui auient ou nous menace n'est ny grief, ny grand: mais seulement le semble. C'est l'opinion qui l'esleue & exagere, & hausse comme auec certains patins: mais, si vous estes sage, ostez ceste nuee qui vous enuironne & voyez les affaires en plain iour. Pour exemple, en ces calamitez publiques vous craignez, la pauureté, l'exil, la mort. Mais combien seront elles petites si vous les regardez d'vn œil droit & asseuré? combien seront-elles legeres si vous les iustifiez à leur poids? Voilà ceste guerre ou tyrannie vous appauurira par beaucoup d'exactions. Qu'en aduiendra-il? vous serez donc pauure. Nature ne vous a elle pas faict tel, & tel ne vous rauira elle pas? Que si le nom triste & honteux

Le premier argument touchãt la legereté de nos maux. Si nous l'examinõs par raison.

La pauureté ne nous est poĩt dure.

vous desplaist changez-le, vous en serez deschargé: car si vous ne le sçauez Fortune vous a soulagé, & vous a mis en lieu plus seur, personne ne vous espuisera plus, ce que vous pensiez estre dommageable, est remede. Mais ie seray aussi banny: mais au contraire si vous voulez vous serez voyageur. Si vous changez de desir, changez de païs. En quelque lieu que soit le sage, il voyage, le sot est tousiours en exil. Mais il y a danger que le tyran me face mourir, comme si cela n'aduenoit pas iournellement par nature. Mais la mort est honteuse quand c'est par les mains d'vn bourreau. O fol, ceste-la ny autre n'est infame si vostre vie ne l'est. Appellez-moy tous les gens de bien, & grands personnages qui ont esté depuis la creation du monde, ils sont tous peris de mort violente, Lipsius, c'est icy l'espreuue qu'il faut à toutes les choses qui semblent terribles, (car il ne vous en donne que le goust seulement) & les faut regarder toutes nuës sans aucun habillement ou desguisement d'opinions. Mais

Que le bannissement n'est point grief.

Ny la mort mesme.

Mais nous les aggrapos par la seule opiniô.

nous, miserables, nous tournons aux choses vaines & externes : & ne les craignons point : ains ce qui est conjoint à icelles : Voilà, si vous estes sur mer & qu'elle s'enfle, vous estes troublé & tremblez ne plus ne moins que si vous auiez fait naufrage, & qui l'a vous falluft toute boire, bien que vous en auriez assez d'vn septier ou deux. S'il se fait soudainement vn mouuement de terre, quelle plainte & crainte? vous penserez que si toute la ville tombe qu'elle vous accablera, ou bien se sera vne maison, & ne sçauez vous pas bien qu'il y a assez d'vne seule pierre pour vous escraser la ceruelle. Il se fait de mesme en ces troubles, ausquelles surtout le bruit & la tref-vaine image des choses nous espouuante. Voilà ces soldats! voilà ces armes! Hé bien ces soldats? ces armes? que feront-ils? Ils tueront. Qu'en sera-ce? vne simple mort : & afin que ce mot ne vous estonne, le despart de l'ame d'auec le corps. Toutes ces compagnies de gens d'armes, toutes ces armes menaçantes feront ce que feroit vne fieure, ce que feroit vn pepin, ce que feroit vn ver. Mais biẽ plus rudement: au contraire vn peu plus doucement: & de fait ceste fieure que vous aimeriez mieux tourmētera souuent l'homme tout le long de l'an, & icy on passe tout d'vn coup. Socrates donques disoit bien, qui n'auoit point accoustumé d'appeller ces choses autremẽt que loups garoux, & faux visages. Lesquels si voꝰ prenez, voyez si les petis enfans ne s'enfuirõt pas de vous? mais ostez-les & vous monstrez à face descouuerte, ils reuiendront à vous & vous embrasseront. C'est tout de mesme en ses affaires: lesquelles si vous voyez quand le masque sera osté & l'apparence hors, vous confesserez que vous auez craint par vne peur puerile. Comme la gresle chet dessus les toits auec vn grand bruit, toutes-fois elle rejalit: de mesme si ces choses aduiennent à vn esprit ferme elle se rompent & ne le rompent point.

{marginalia: Le dire salutaire de Socrates.}

Abord à la comparaison, mais premierement les maux de Flandres & de cest aage, sont deduicts amplemēt. Et ceste opinion est generalement refutee. Et demonstre que l'esprit humain est enclin à augmenter ses douleurs.

Chap. XX.

CE graue discours de Langius n'estoit point selō ce que ie m'attēdois ou pensois. Parquoy l'interrompant, où allez vous, dis-ie, est-ce la ce que vous m'auez promis? I'attendois le miel & la douceur des histoires: & vous me tirez du vinaigre le plus pur qui soit au selier de Sapience. Que pēsez vous? que vous ayez affaire à quelque Thales, c'est à Lipsius, qui homme, & entre les hommes, desire quelques remedes vn peu plus gracieux. Langius me dit d'vne voix & face plus douce, ie le recognois, vous me blasmez à bon droit. Car tandis que ie suy ce pur rayon de raison, ie voy que ie

Il interrōpt son discours trop prolixe.

LE SECOND LIVRE

suis sorty du grand chemin, & retombe à la desrobee au chemin frayé de Sapience. Mais ie me corrige maintenant, & marche par vn chemin plus cogneu. La force de ce grand vin vous fasche-elle? Ie l'adouciray par le miel des exemples, ie viens à la comparaison : & monstreray clairement qu'il n'y a rien de grief ny de grand en ces maux qui nous enuironnent, si vous les comparez auec ceux des anciens. Car iadis il y en a eu de plus grands & deplorables. Derechef ie luy dis auec vne façon impatiente, dites-vous cecy?

Me pensez-vous faire croire cela? Iamais, Langius, tant que i'auray du sens en la teste. Car recerchez-le tant que vous voudrez, quel temps passé a esté si calamiteux que cestuycy est, ou sera? quelle gent ou region a souffert,

Tant de maux fascheux à raconter,
& aspres à endurer:
que nous en supportons auiourd'huy? Voilà nous sommes agitez, non seulement de guerre estrangere mais de

Et que par vne comparaison on peut mostrer qu'il n'y a rié de grief en ces maux.

d'Aristophane.

Les miseres fatales de la Flandre.

ciuile, & qui pis est intestine. Car il n'y a pas seulement des particularitez entre nous, mais (ô pauure païs, quel secours te garentira) des partialitez de partialitez nouuelles. Adioustez y la peste, la famine, les imposts, les voleries, les meurtres : & *pour la fin finale,* la tyrannie & les oppressions tant de corps que d'esprit. Qui a-il maintenāt autre chose en Europe que guerre ou crainte de guerre ? que si la paix est, c'est auec vne des-honneste seruitude sous de petits Seigneurs, non moins plaisante qu'aucune guerre. De quelque costé que vous tourniez les yeux ou l'esprit vous voyez tout en doute & en crainte, & plusieurs signes de ruine comme en vne maison mal appuyee. En somme, Langius, toutes calamitez s'assemblent en ce siecle comme les riuieres en la mer. Et ie ne mets en auant que ce que nous auons en main & qui est present : & que sera ce de ce qui s'appreste ? dont ie pourray dire ce veritable vers d'Euripide :

Ie voy de maux si grande mer
Qu'il n'est pas aisé d'y nāmer.

Ou plustost de toute Europe qui est preste à choir.

Langius se tournant vers moy seuerement, & de la façon d'vn qui reprend vn autre, me dit, Quoy vous descouragez vous encores par ces plaintes. Ie pensois que vous-vous tinssiez debout, & vous tombez, que vos playes fussent reprises & vous les rafraischissez. Vrayement il faut que vous donniez quelque repos à vostre esprit si vous voulez guerir. Vous dites que ce siecle est tref-mal'heureux. Ce m'est vne vieille chanson. Ie sçay bien que vostre anceftre & voftre pere ont dit le mesme, & ie sçay que ceux qui viendront cy apres en diront autant. Cela est de nature à l'esprit humain, de s'arrester fort à ce qui est fascheux, & passer par dessus ce qui est ioyeux: c'est comme les mousches & ces autres insectes qui ne s'arrestent gueres sur ce qui est poly, mais se tiennent longuement sur ce qui est raboteux: ainsi ceste ame qui se plaint vole soudain par dessus le bien, & ne laisse pas passer ce qui est rude. Elle la manie, considere, & le plus souuent l'augmente rigoureusement. Et côme les amans trouuent tousiours

Les querelles esmeuuent les maux qui sont desia assoupis.

Vn chacũ s'est plaint de son siecle.

Pource que nous sommes enclins a augmenter la douleur.

assez en leur maistresse dequoy l'estimer sur toutes : ainsi ceux qui se plaignent font en leur deuïl : voire mesme nous feignons des choses vaines, & ne nous plaignons de ce qui est present tant seulement, mais aussi du futur. Auec quelle recompense de si vif entendement ? Non autre, qu'afin que comme la poudre esleuee de loin fait par fois que quelques armees quittent le champ, ainsi l'ombre fausse de quelque mes-auanture à venir nous face perdre le courage.

Ou plustost pour la feindre.

Cy apres cecy est plus proprement & expressément refuté, par la comparaison des maux du passé. Premierement des guerres, & de la merueilleuse deffaite des Iuifs.

CHAP. XXI.

POur le moins, Lipsius, laissez ces choses populaires, & me suyuez à la comparaison que vous demandez. Par icelles il vous apparoistra, que iadis il est aduenu non seulement de pa-

Il commence à la comparaison.

LE SECOND LIVRE

Et ce par tou-tes les sor-tes de maux. Et pre-miere-mét de la guer-re.

reils maux, mais de plus grands en toutes sortes, & qu'en ce temps il y a plus d'occasion de se resiouir que de se plaindre. Nous sommes agitez de guerre, ce dites-vous. Et quoy, les anciens n'ont point eu de guerres? Au contraire, Lipsius, la guerre est nee auec le monde, & ne finira qu'auec luy: mais possible que les guerres ne serōt si cruelles ny si longues que celles-cy. Et de telle sorte, ie parle à bon escient, qu'au cōtraire, tous ces maux-cy ne sont que ieu, si nous les cōferons à ceux du passé. Ie ne trouueray pas aisément ny entree ny issuë, si vne fois ie me fourre au profond de ces exemples, mais toutes-fois voulez-vous que nous-nous promenions vn petit par toutes les parties de la terre? Allons,

Que les Iuifs, en ont en-duré grande quanti-té.

commençons par la Iudee, c'est à sçauoir par la nation & gent sacree. Ie laisse ce qui a esté enduré en Egypte, & apres la sortie d'Egypte: car cela est escrit & en main és saincts liures. Ie viens à la fin, & à ce qui a esté conioint à leur subuersion. Que i'ay entrepris de mettre en auant l'vn apres l'autre, comme en vne table. En moins de sept ans ils ont souffert cecy par la guerre ciuile & estrangere.

Premierement, par le commandement de Florus il en fut tué en Ierusalem *six cens trente*.

En Cæsaree par ceux du pays en haine du peuple & de la Religion en mesme temps *vingt mille*.

A Scytopolis ville de Syrie *treize mille*.

En Ascalon de Palestine aussi par les habitans *deux mil cinq cens*.

A Ptolemaïde pareillement *deux mille*.

En Alexandrie d'Egypte sous Tybere, Alexandre estant Gouuerneur *cinquante mille*.

En Damas *dix mille*.

Et tout cecy aduint comme par sedition & tumulte, en apres de bonne guerre, & ouuerte par les Romains, Ioppe estant prise par Cesius Florus, furent tuez *huict mille quatre cens*.

En certaine montagne de Babylone *deux mille*.

En la bataille d'Ascalon *dix mille*.

Par embusches de rechef *huict mille.*

En Aphace estant prise *quinze mille.*

Au mont Garisin *vnze mille six cens.*

En Iotape où Iosephe estoit enuiron *trente mille.*

En Ioppe reprise, furent noyez *quatre mille deux cens.*

A Tarichee furent tuez *six mille cinq cens.*

A Gamale tant de tuez que ceux qui se precipiterent eux-mesmes *neuf mille*, & n'y eut personne nay de ceste ville là qui se sauua que deux femmes qui estoient sœurs.

Giscale estant deserte *deux mille* furent tuez en s'enfuyant, de femmes & enfans pris *trois mille.*

A Gadare mise au fil de l'espee *treize mille*, pris *deux mille deux c̃s*, outre infinis qui se ietterent en la riuiere.

Il en fut tué aux bourgs d'Idumee, *dix mille.*

A Gerase *mille.*

A Macheronte *mille sept cens.*

En la forest de Iardes *trois mille.*

Au fort de Massada *neuf cens soixante*, qui se tuerent eux-mesmes.

A Cyrene par le Gouuerneur Catule, *trois mille*.

Et aussi en Ierusalem mesmes durant le siege, que morts que tuez *vn million*, pris *nonante sept mille*.

Ceste somme (outre infinis obmis qui sont morts autrement) monte à *douze cens & quarante mille*.

Que dites-vous, Lipsius? baissez-vous icy les yeux? releuez-les pluftoft, & prenez la hardiesse de ne comparer au mal'heur d'vne seule nation les guerres qui ont esté quelques annees en la Chrestienté. Et toutesfois combien est petite ceste partie de peuple & de terres, si elle est comparee auec l'Europe?

Des pertes en guerre des Grecs & Romais. Grand nōbre de tuez par quelques chefs. Aussi le degast du nouueau monde. Et les miseres de la captiuité.

LE SECOND LIVRE

Chap. XXII.

Et femblablemét les Grecs.

JE ne m'arreste point icy. Ie passe en Grece. En laquelle il y a eu plusieurs guerres, tant ciuiles qu'estrangeres, qu'il seroit long de desduire & sans fruict : ie dis cela, qu'elle a esté tant espuisee & tonduë auec ce continuel rasoir de calamitez, que Plutarque rapporte (ce que ie n'ay peu lire sans me fascher & m'estonner) que de son temps en tout on n'y eust peu faire *trois mille hommes portãs armes.* Ce que (comme il dit) vne petite ville de Megare auoit autres-fois fait durant la guerre Persique. Hé ou estes-vous tombee la fleur de la terre, le soleil & le sel des nations ? Il n'y a si petite ville en Flandres quelque foullee qu'elle soit qui ne mette bien aux champs autant de bons hommes pour la guerre. Recerchons-nous maintenant les Romains & l'Italie ? Sainct Augustin & Orose m'ont de long temps releué de ce fais de ce recit, voyez-les & en iceux plusieurs mers de maux, vne

De defectuæ culorũ.

Les Romains & les Italiens.

seule guerre punique seconde és seules Italie, Espagne, & Sicile en moins de dix-sept ans (ie l'ay curieusement recerché) a consumé plus de *quinze cens mille hommes*. La guerre ciuile de Pompee & de Cæsar, iusques à *trois cens mille*: & plus encores les armes de Brutus, Cassius, & Sex. Pompeius. Et à que faire recitay-ie les guerres faites par l'aduis ou conduite de plusieurs? Voilà vn Cæsar (ô la peste & destruction du genre humain !) qui confesse & fait gloire, *qu'il a tué en guerre vnze cens & nonante deux mille hommes*, sans tirer en conte les meurtres des guerres ciuiles : durant le peu de téps qu'il a commandé en Gaule ou en Espagne, il a commis ces meurtres sur les estrangers. En quoy l'a surpassé celuy qui a esté nommé le Grand qui escriuit au temple de Minerue, *qu'il a desconfit, mis en route, tué, & pris à mercy deux millions octante trois mille hommes*. Ausquels comme pour nombre adioustez, si vous voulez Q. Fabius qui tua *cent dix mille Gaulois*. C. Marius, *deux cens mille Cimbres*. Et

Ætius, qui en ces derniers temps en ceste grande iournee de Catalogne, à tué cent soixante deux mille Huns. Et afin que vous ne pensiez qu'il ne soit peri icy que des hommes, il y a eu aussi des villes. Ce Caton Céseur se vante d'auoir plus pris de villes en Espaigne qu'il n'y a esté de iours. Sempronius Gracchus (si nous croyons Polybe) y en a rasé trois cēs. Et en tous les aages du monde il n'y en a aucun qui en cela puisse s'opposer à cestuy-là, sinon le nostre, mais c'est en vn autre monde. Depuis quatre vingts ans en ça quelque peu d'Espagnols ont esté portez en ces spacieuses Terres neuues: mais bon Dieu, quels meurtres & tueries y ont-ils exercees? Ie ne dispute point des causes ny du droit de guerre: ains seulement des euenemens. Ie considere ce grand espace de terre (que c'est vn grand cas d'auoir veu, ie ne diray pas vaincu) qui est enuahy par vingt & cinq ou trente soldats, & par cy, par là ces trouppes sans armes sont abbatuës cōme le bled par la faucille. Cuba la plus grāde de toutes les Isles

Et non seulemēt les hōmes, mais les villes.

Isles où és tu? toy Hayte? vous Lucaye? qui estiez iadis enuironnees de cinq ou six cens mille hommes, & maintenant à ceste heure en auez reserué quinze pour semence. Monstre toy aussi vn peu ô bord de Peruane ou de Mexique, ô l'estrange & miserable face! ceste si grande estenduë & vrayement vn autre monde, paroist desert & consumé ne plus ne moins que s'il auoit esté bruslé par quelque feu celeste. L'esprit & la langue me faillent, Lipsius, ramenteuant cecy: & au regard de tout cecy ie voy nos maux n'estre que festus brisez, comme dit le Comique, ou petits charançonnets. Et toutes-fois ie ne mets pas encor en auant la Ioy des esclaues apres laquelle il n'y auoit rien de si cruel és vieilles guerres. Le vainqueur prenoit tous les hommes d'hôneur, les Gentils-hômes, les enfans, les femmes; & qui sçait si c'estoit pour les tenir en eternelle seruitude? veritablement c'estoit pour les tenir en seruitude: de laquelle, dôt ie me resioüis à bon droit, il n'y a apparence aucune iusques à ceste heure

La captiuité estoit iadis amere & accomparee à la mort.

en la Chrestienté. Certes les Turcs s'en aident, & n'y a rien qui nous rende plus odieuse & terrible la domination Scitique que cela.

Les plus grands exemples de la peste & famine de iadis Les grands subsides du temps passé. Les volleries.

CHAP. XXIII.

Vous continuez vostre plainte, & adioustez la peste & la famine, les subsides & volleries. Voulez-vous que nous comparions chacune à part, & breuement ? dites-moy combien est-ce que la peste en ces cinq ou six annees en a emporté en Flandres? Quelque cinquante mille comme ie pense, ou au plus cent mille. Or en moins d'vn iour en Iudee du temps de Dauid la peste en emporta soixante & dix mille. Sous Gallus & Volusian Empereurs la peste commençant en Æthiopie courut par tout l'Empire Romain, & l'espuisa par quinze ans entiers. Et n'ay iamais leu qu'il y ait eu

De la peste du temps passé.

Zonaras 10. 2.

vne plus grande contagion, ny en tant de temps, ny en tant de pays : toutesfois celle qui fut à Constantinople & és païs d'alentour du temps de Iustinian fut bien plus remarquable en cruauté & violence : car il mouroit tous les iours *cinq mille* personnes, & bien souuent iusques à *dix mille*. Ie craindrois & ferois doute de dire cecy, s'il n'y en auoit de tres-fidelles tesmoins du temps mesme. La peste d'Afrique n'est pas moins esmerueillable, qui commença apres le sac de Carthage, durant laquelle il mourut en la seule Numidie *huict cens mill.* hommes, aux bords d'Afrique *deux cens mille*. Et en Vtique *trente mille* soldats qui auoient esté laissez pour en garder la frontiere. Et aussi en Grece du tēps de l'Empire de Michel Duce il y en eut vne tant cruelle *que les viuans* (ce sont les termes de Zonare) *n'estoient point du tout esgaux en nombre aux morts qu'il falloit enseuelir*. Finalement du temps de Petrarque, comme il le recite, il y en eut vne si forte en Italie que de *mille* hommes à peine en re-

procop. li. 2. de bello persico Agath. lib. 5. hist. orosius lib. 5. cap. 8.

K ij

De la famine.

ſtoit *dix*. Quant à la famine vrayement nous, ny noſtre aage n'auons rié veu, ſi nous regardons l'antiquité. Sous l'Empereur Honorius il y eut à Rome vne ſi grande cherté & faute de tous viures, que les hommes eſtoient preſts de ſe ietter les vns ſur les autres, & fut publiquement ouye ceſte voix au parc des exercices, *Mets pris à la chair humaine*. Sous Iuſtinian que les Gots gaſtoient toute l'Italie, il y en eut encor vne ſi grande qu'au ſeul quartier de la Marque d'Ancone il mourut de faim *cinquante mille* hommes, & n'a-on pas ſeulement pluſieurs fois pour viande, vſé de chair humaine : mais auſſi des excrements humains. I'ay horreur de raconter que deux femmes auoient tué de nuiċt en trahiſon dixſept hommes & les auoient mangez, & furent tuees par le dixhuiċtieſme, qui s'en eſtoit apperçeu. Ie n'ameine point la famine de la Sainċte cité, ny les exemples ſi communs que l'on n'en fait conte. Que s'il faut parler des ſubſides, ie dis que ceux que l'on impoſe ſur nous ne ſont pas griefs, mais

Soſimus li. 6. ann.

Proc. li. 2. de bel. Go.

De la quātité des ſubſides du temps paſſé.

cela est ainsi, si vous les considerez seul & à part soy, non pas si vous les conferez à ceux des anciens. Sous l'Empire Romain toutes les Prouinces presques ont payé le quint des pastourages, & la disme des champs. Et pour cela Anthoine & Cæsar n'ont laissé de prendre en vn an l'impost de neuf ou dix ans. Apres que Iules Cæsar fut tué, & que l'on prit les armes pour la liberté, il fut fait vn cõmandement à chaque citoyen de payer la *vingtcinquiesme partie* de tous ses biens, & à chaque Senateur *cinq sols* pour chaque tuile de ses maisons, laquelle contribution est immense, incroyable à nostre aduis, & qui ne se peut payer. Et Cæsar Octauian (ayant ce croy-ie esgard à ce surnom tiré de huict) exigea & prit la huictiesme partie des biens des affranchis. Ie laisse ce que ceux du Trium-virat & les autres tyrans ont commis, de peur que le disant, ie ne l'apprenne aux nostres. Ayez l'exemple des Colonies pour patron de toutes actions & rapines, qui ayant esté l'inuention plus forte pour soustenir

K iij

l'Empire, a esté la plus triste que l'on eust peu penser pour les pauures subjets. Les legions & vieilles bandes estoient menees de tous costez en des champs & villages : & les habitans du lieu estoient en moins de rien miserablement despouillez en leur presence de tous leurs biens & commoditez, non qu'ils eussent rien entrepris, ou merité, mais tout leur crime estoit qu'ils auoient les richesses & les bonnes terres. En quoy certainement apparoist le gouffre de toutes calamitez. C'est vne grand misere d'estre volé de son argent, que fera-ce donc de perdre ses terres & ses maisons? Cela est bien grief d'en estre chassé: mais combien plus d'estre bany de tout le pays? des temples & autels? Voilà quelque milliers d'hommes estoient escartez, les enfans des peres, les maistres de leurs domestiques, les femes de leurs maris, & estoient espars chacun en diuerses terres, comme le sort leur escheoit, les vns *vers les Affricains alterez*, comme le dit le Poëte en cecy: *vne partie s'en alloit en Scithie ou en*

Angleterre qui est separee de toute la terre. Octauian Cæsar luy seul a fait seulement en Italie *trente deux colonies, aux Prouinces tāt qu'il luy a pleu.* Et comme ie le sçay, iamais rien n'a esté si dommageable, tāt à nous Gaulois qu'aux Espagnols.

Quelques recits de cruautez & meurtres esmerueillables & surpassant toutes les meschancetez de cest aage.

Chap. XXIIII.

Ais vo⁹ dites toutes-fois la cruauté est si grāde & les meurtres q̄ l'on n'en oüit iamais parler de tels, Ie sçay biē ou vous en voulez venir & ce qui fut fait dernierement. Et par vostre foy, Lipsius, n'y a-il rien eu de pareil entre les anciens ? O que vous estes ignorant si vous ne le sçauez, & malicieux si vous faites semblant de n'en sçauoir rien. Il y en a tant d'exemples & si communs qu'il y a peine à les choisir. Cognoissez vous le nō de Silla cest heureux ? Vous sçauez donc

Cruautez & meurtres esmerueillables qui furent iadis.

sa cruelle & infame proscription, par
laquelle il a osté à vne ville *quatre mille sept cens* citoyens. Et afin que ne pésiez que ce fussent gens de peu ou de la populace, il y auoit entre ceux là *cent quarante* Senateurs. Ie ne touche point aux meurdres innōbrables, qui ont esté commis ordinairement par sa permission ou son commandement: de sorte que ç'à esté à bonne raison que Q. Catule a dit, *Auec qui finalement deurons nous viure, si en guerre nous tuons ceux qui sont armez, & en paix ceux qui n'ont point d'armes.* Bien tost apres, trois qui auoient esté faits de la main de Sylla ont pareillement, i'entens en leur Trium-virat, proscrit *trois cēs Senateurs* & plus de *deux mille* Cheualiers Romains. Hé quelles meschancetez! plus cruelles que ce Soleil ne vid iamais & ne verra depuis l'Orient iusques en l'Occident. Lisez Appian, s'il vous plaist, & vous y verrez la diuerse & honteuse figure de ceux qui se cachent, fuyent, qui comparoissent, qui tirent hors, d'enfans & de femmes qui pleurent tout autour:

Valere lib. 2.

Appiā.

je puisse mourir si vous ne diriez que l'humanité a esté esteinte en ce temps là sauuage & brutal. Et cela a esté fait aux Senateurs & Cheualiers, c'est à dire, à autant de Roys ou leurs Lieutenants : mais on n'a point vsé de cruauté enuers le peuple. Mais d'auantage, regardez-moy ce mesme Sylla, *qui Valere ayāt fait venir sur sa foy quatre legiōs* [lib. 9.] *qui auoient tenu le party contraire, les fit tailler en pieces en la place publique, sans que par prieres ils peuṡent obtenir misericorde de sa trōpeuse dextre.* Et les gemissemēts de ceux qui mouroiét estans entendus de la Cour, le Senat estonné & esmeu, il dit, *Faisons cecy, peres notables, quelque peu de seditieux sont punis par mon commandement.* Et ie ne sçay dequoy ie me dois plus esmerueiller, ou qu'vn hôme ait peu faire cela, ou le dire. Et demandez-vous d'auantage d'exemples de cruautez? voyez, Seruius Galba estant en Espa- [valere.] gne fit assembler tout le peuple de trois villes comme s'il eust voulu traitter de leurs affaires, & en fit soudain tuer *sept mille*, entre lesquels estoit la fleur de la ieunesse. En ce mesme pays, L. Lucinus Lucullus fit tuër vingt mille des Cauceores, ayant fait entrer quelques soldats en leur ville, & ce côtre la composition qu'il auoit iuree. Peruse estant prise, *Octauiã Auguste immola cõme victimes sur l'autel dedié à Iule trois cens de ceux qui s'estoient rendus à luy, tant de la noblesse que du peuple.* Anthoine Caracalla s'estant offencé de quelques ie ne sçay quels propos ioyeux, irrité contre les Alexandrins, venant à eux sous ombre de paix, tira aux champs toute la ieunesse qu'il enuironna de soldats, & ayant fait signe les fit tous tuër sans qu'il en rechapast vn seul, & vsant de mesme cruauté sur le reste, rendit deserte vne ville tant peuplée. Le Roy Mithridates par vne lettre qu'il escriuit fit mourir *quatre vingt mille* citoyens Romains qui negoçioient deçà & delà en Asie. Volesius Messalla Proconsul en Asie fit decapiter *trois cens* hommes en vn iour, & se promenant entre les morts les mains aux costez, dit tout haut, *O royal effect.* Et par-

Appiã.

Suetone.

Xiphilin & Herodian.

Valere.

Seneq. 2. de la colere.

lay-ie encor des Payens : voilà mesme entre ceux qui se sont voüez au vray Dieu. Le Prince Theodose qui en Thessalonique par vne grande meschanceté & desloyauté fit tuër par des soldats qu'il y enuoya *sept mille innocens*, lesquels il auoit fait assembler au theatre, comme pour voir iouër des ieux. En toute l'ancienne impieté il ne s'est rien trouué de si meschant que cest acte. Suiuez mes Flamens, & en cest aage accusez la cruauté & perfidie des Princes.

Nostre tyrannie est mesme plus legere, elle est demonstree estre de la nature ou de la malice des hômes: & qu'il y a eu iadis des oppressions interieures & exterieures.

CHAP. XXV.

FInalement vous blasmez aussi auiourd'huy la tyrănie, & les oppressions du corps & de l'esprit. Ie n'ay pas deliberé de loüer curieusement nostre aage, ny aussi le blasmer : car quel pro-

LE SECOND LIVRE

Il y a eu infinies tyrannies & oppressions.

fit en reuiendroit-il? Ie diray ce qui faut pour nostre comparaison. Quand & où est-ce que ces maux n'ont esté? Mõstrez-moy, si vo9 pouuez, quelque siecle ou nation qui ait esté sans quelque remarquable tyrãnie. Ie porteray le hazard de ceste chance, & ie confesseray que no9 sommes les plus miserables de tous les miserables. Pourquoy vous taisez-vous? A ce que ie voy cest ancien dire piquant est vray, que *Tous les bons Princes peuuent estre enuiron-*

L'origine desquelles viẽt de l'orgueil de l'esprit humain

nez d'vn anneau, aussi cela est imprimé dans les esprits humains, d'vser insolemment de la puissance, & de ne pouuoir garder de mediocrité en ce qui est par dessus la mediocrité. Nous mesmes qui nous plaignons de la Tyrannie, nous portons cachees en nostre poictrine les semences de la tyrannie, & en plusieurs la volonté de la faire paroistre ne manque point auec le pouuoir. Le serpent est engourdy par le froid, neantmoins il a du venin, mais il ne le fait pas paroistre. De mesmes est-il en nous que la seule impuissance & vn certain froid de fortune retient de faire mal. Donnez des forces & des aides; ie doute que beaucoup de ceux qui blasment la tyrannie deuiennent eux-mesmes insupportables. Pour exemple, voyez ce qui se fait en ceste vie tous les iours: Le pere est cruel vers ces enfans, le maistre sur ses seruiteurs, & le precepteur à l'endroit de ses disciples. Tous ceux-cy en leur ordre sont des Phalaris: & excitent és riuieres les mesmes flots que les Roys en la grãd mer. Les autres animaux sont aussi de ce naturel, d'entre lesquels plusieurs exercent la cruauté sur les especes de mesme genre, tant en l'air, qu'en la terre, & qu'en l'eau. *La tyrannie est aussi parmy les animaux.*

—*le grand poisson mange le moindre*
  és eaux;
Ainsi que l'esparuier tuë en l'air les
  oiseaux.

Dit tresbiẽ Varro. Mais vous direz ce sont icy oppressions des corps: c'est auiourd'huy le meilleur, qu'elles le sont aussi des esprits. Est-il vray qu'elles le soient des esprits? gardez que vous ne pensiez cela plustost enuieu- *Des oppressiõs pour la Religion.*

sement que veritablement. Ie pense
que cestuy-la se mescognoist & aussi
ceste nature celeste, qui pense qu'elle
puisse estre forcee ou contrainte. Car
iamais il n'y aura de force externe qui
face que vous vouliez ce que vous ne
voulez point, & pensiez, ce que vous
ne pensez point. Quelqu'vn a bien
quelque droit sur le lien & suitte de
l'esprit, mais personne n'en a sur luy.
Le tyran le peut deslier du corps, &
non dissoudre sa nature qui pure, e-
ternelle, & ignee mesprise tout attou-
chement externe & violent. Mais toutesfois il n'est pas permis de dire tout
ce que l'on pense. Soit? c'est à vostre
langue que la bride est mise, & non à
vostre esprit: non aux iugemens, ains
aux faicts. Mais cela mesme est vne
chose nouuelle, & dont on n'a encor
ouy parler. O bon homme, combien
vous vous trompez. Combien vous
en pourrois-ie dire qui du temps des
tyrās ont esté punis de leurs pēsees,
à cause de leur langue indiscrette. Et
cōbien y en a il de ceux cy qui ont tas-
ché de forcer les iugements? & ie dis

Qui a aussi e-sté du temps iadis.

és iugements ce qui concerne la pieté. Cela n'est point nouueau qu'on a adoré les Rois de Perse & d'Orient, & nous sçauons qu'Alexandre c'est attribueé la mesme reuerence deuë à la diuinité, contre l'oppinion de son rustique païs de Macedone. Entre les Romains ce bon & modeste Prince Auguste a eu comme Dieu ces sanctificateurs & prestres aux Prouinces, voire mesme en chasque maison. Caligula ayant osté la teste aux images des Dieux, meu d'vne ridicule impieté, commanda d'y mettre son effigie. Le mesme institua vn temple à sa diuinité auec des sacrifices tresexquis. Neron a voulu estre estimé Apollo, & plusieurs des plus notables citoyens furent tuez pour ceste cause *qu'ils n'auoyent iamais fait de sacrifice pour sa voix celeste*. Et Domitian oyoit publiquement qu'on le disoit, *Nostre Dieu & nostre Seigneur*. Que si ceste vanité ou impieté, Lipsius, estoit auiourd'huy en quelque Roy, que diriez-vous? Ie ne veux en nauigeant approcher plus pres de ceste Sicille, en laquelle au-

cuns vents d'ambition ne pousseront
ou tireront.

*La recompence de celuy qui se tient à
recoy est seure.*

Ie n'ameneray pour cecy qu'vn seul tesmoignage de la seruitude anciéne, & de vostre plus familier autheur, à quoy ie desire que preniez garde. Tacite dit ainsi du temps de Domitian. *Nous lisons que ç'a esté vn crime capital à Arulenus Rusticus, & à Herennius Senecion de ce qu'ils auoient loüé l'vn Pætus Thrasea, & l'autre Priscus Heluidius. Et on n'a pas seulement vsé de cruauté enuers ces autheurs, mais aussi enuers leurs liures. La charge ayant esté donnee aux Triumuirs que les memoires de ces tres-notables esprits fussent bruslez en l'assemblee & au marché. Pensant possible par ce feu abolir la voix du peuple Romain, la liberté du Senat, & la conscience du genre humain. En outre, ayant chassé les professeurs de la Sapiece, & banny tout bon art, afin qu'il ne se presentast plus rien d'honneste. Certainement* nous auons donné vn grand enseignement de Patience, & comme l'ancien aage a veu l'extremité de la liberté, aussi nous auons veu ce qui estoit dernier en la seruitude, mesme le commun vsage de parler & d'ouir nous ayant esté osté par recherches. Aussi nous eussions perdu ceste memoire auec la voix s'il estoit autāt en nostre puissance d'oublier que de nous taire.

Finalement il est monstré que ces maux ne sōt esmerueillables ny nouueaux. Qu'ils sont tousiours communs à tous hommes, & à toutes nations, & consolation est cherchee en ceste affaire.

Chap. XXVI.

Ie n'adiouste plus rien de la Comparaison. Ie vien à l'autre escadrō de ma legion qui combat la Nouueauté, mais breuemēt & par maniere d'aquit. Elle s'amusera plustost à la despouille de l'ennemy vaincu qu'à combattre viuemēt & venir aux mains. Et de vray q̃ peut il y auoir icy de nouueau à l'hō

Contre ceux qui pēsent que ces miseres soient nouuelles ou trop grādes.

me, sinon qu'il soit vn ieune nouice és
affaires humaines. Crantor qui auoit
presque tousiours ce vers en la bouche, disoit tresbien, & sagement:

Las moy! & quoy las moy! ne us soufrōs
maux humains.

Ces miseres font tous les iours la
ronde autour de nous & vont en cercle par ceste boule du monde. Pourquoy vous lamentez vous de ce que
ces choses tristes auiennent, ou pourquoy vous en esbahissez vous.

Tu n'es pas engendré, ô toy Agamemnon
D'Atrée, pour iouir de tout ce qui est bon:
Tu te dois resiouir, aussi tu te peux plaindre:
Car tu es né mortel, & les Dieux tu dois
craindre
Sans point leur resister: aussi bien ils feront
Que de leurs volontez les effects s'ensuy-
uront.

Cela seroit plustost esmerueillable s'il
y auoit quelqu'vn exempt de ceste
loy, & ne portant point le fardeau
que tous les autres portent. Solon à
Athenes mena vn iour au haut du
chasteau vn sien amy se lamentant, &
luy monstra toutes les maisons de la
ville qui estoient au dessous, luy disant, Pense combien il y a eu iadis de

pleurs sous ces toits, combien il y en a auiourd'huy, & y en aura cy apres, cesse de plaindre pour les fascheries humaines, comme si c'estoit pour les tiennes propres. Ie desirerois, Lipsius, qu'il aduint de mesme en ce g and monde. Mais pource que de fait cela ne peut:or sus, que pour le moins il se face vn peu de pensee. Ie vous mets, si vous voulez, sur ce haut Olympe, regardez-moy en bas toutes les villes, Prouinces & Royaumes, & estimez que vous voyez autant de clos de miseres humaines. Ce sont comme Amphiteatres & Arenes où sont les ieux sanglants de fortune. Ne iettez vostre veuë gueres loing. Voyez vo° l'Italie? il n'y a pas trente ans qu'elle a repos d'vn costé, & d'autre de cruelles & aspres guerres. Ceste spacieuse Alemagne? il n'y a pas long temps que l'on y voyoit les violentes estincelles des guerres ciuiles, & qui si ie ne me trompe, se ralumët en flâme plus mortelle. L'Angleterre? il y a tousiours des guerres & meurtres, & ce qu'elle est vn petit en paix à ceste heure, elle le doit

Les miseres ont esté par tout le monde.

au commandement du sexe paisible.
La France ? voyez-la & en ayez pitié:
car mesmes à ceste heure la grãgrene
de la guerre sanglante court par tous
ses membres. Et n'en est point autrement en tout le monde. Pensez à ces
choses, Lipsius, & par ceste communion de miseres, allegez les vostres. Et
comme on a accoustumé de mettre
derriere ceux qui triomphoient, vn
seruiteur, qui au pl° fort de la joye du
triomphe crioit souuent, Tu es hõme;
ainsi soit tousiours aupres de vo° cest
admonesteur vous disant, Ces choses
sont humaines: car comme le trauail
deuient plus aisé à supporter quand il
est diuisé à plusieurs, de mesme en est-il de la douleur.

Conclusion de tout le discours, & vne breue admonition de le reuoir & y penser.

Chapitre XXVII.

Conclusion de tout ce **L**ipsius, i'ay desployé toutes mes forces & mon discours, & auec tout ce qui m'a semblé bõ à dire pour la Constance contre la Douleur. Et desire que ces choses vous soient non seulemét aggreables, mais salutaires: qu'elles vous plaisent, mais encor plus, qu'elles vous profitent. Or elles vous profiteront, si vous les mettez non seulement en vos oreilles, mais aussi en vostre esprit, & que vous n'enduriez pas qu'estant oüies, elles demeurét cheutes à terre, pour s'y desecher, comme semences espanduës sur la superfice de la terre, & bref si vous les repetez & y pensez à bon escient: car comme le feu n'est tiré du caillou par la premiere rencontre, ainsi ceste force d'homme cachee & lãguissante en noº, ne s'alume pas en ceste poitrine froide par le premier coup des admonitions : Et afin que vrayemét elle s'enflamme en vous quelque iour, nõ par paroles ou apparence, mais realement & de fait. I'en supplie & adore ce feu diuin & eternel.

discours auec une exhortation.

Ayant dit cela il se leua soudain, & ie m'en vay, dit-il, Lipsius, Il est midy

LE SECOND LIVRE
& le Soleil nous aduertit qu'il est tẽps de disner. Suyuez moy. Et ie respõdis, tout allegre & de bon cœur, & comme on a accoustumé és misteres, ie diray maintenant à bon droit,

Fuyant le mal ie r'encontre le bien.

FIN.

EPITOME OV ABREGE

DES DEVX LIVRES DE LA Constance, que nous auons adiousté, afin que le Lecteur vist en vn clin d'œil toute la suyte de ce discours.

'AVTHEVR ayant entrepris de traicter de la Constance, il introduit Langius parlāt auec luy, & pour cest effect entre sur les loüanges, cóme sur son humanité & sagesse, monstrant les maux que produisent les guerres ciuilles qui l'ont contraint de sortir de son pays, à quoy Langius respód & dit que les troubles sont par tout, mais Lipse poursuyuant dit, que le vray remede est en la fuyte : laquelle opinion est refutee par Langius : d'autāt que nous portons auec nous l'origine des troubles & de nos maux, lesquels ne s'en vont point par changement, d'autant que c'est vne maladie de l'esprit, laquelle ne peut estre guerie par la force du lieu, ny aussi par le changement d'iceluy, combien qu'il semble oster ou plustost adoucir les fascheries que nous auons, mais les passions vrayes & inue- Chap.3

Chap.1

Chap.2

EPITOME.

ferees, ne s'adouciffent point par ces chofes externes: mais il femble qu'il y ayt au changement quelque foulagement qui toutefois ny eft point, au côtraire par iceluy les maux font augmentez, mais le vray remede eft au changement d'efprit & de reietter le foing curieux que nous auons de voyager pour veoir les chofes loingtaines, il feroit meilleur de veoir les chofes internes, & de chercher pluftoft les chofes graues que aggreables: car puis que les troubles nous fuyuent & accompagnent, il faut refifter & combattre, contre la Douleur, auec les armes de la Confiance, laquelle eft grandement vtile, & fon origine vient de la Patience, & pource la doibt on feparer de la Couardife, d'autãt qu'elle tient le milieu entre l'eleuation & le peu de conte qu'on fait de foy, & ce par la côduitte de la Raifon. Or il y a deux parties en l'homme l'ame & le corps, l'ame eft au ciel & le corps en la terre, il y a vn combat perpetuel entre ces deux parties, la Raifon combat l'ame, & l'Opinion le corps, la Raifon dif-ie laquelle de quelque façon fe trouue toufiours en l'homme, c'eft elle qui eftãt confiante, nous meine à la Confiance, mais l'Opinion vient de la terre, elle eft infirme & nous conduit à l'Inconfiance, c'eft pourquoy nous deuons à bon efcient reueftir noftre efprit de la Confiance, de laquelle la force eft grande, & les fruits quelle produit font auffi grands, principalement contre la Douleur & les troubles: il eft vray qu'elle a deux

Chap. 4.

Chap. 5

Chap. 6

Chap. 7

deux ennemis, les biens qui ne sont point biens, & les maux qui ne sont point maux, les vns par conuoitise & ioye, les autres par crainte & douleur: les maux non maux, sont de deux sortes, priuez ou publics, la douleur qui vient à cause des maux publics est bien grande, pour ce qu'elle vient auec vehemence, pource aussi qu'elle se glisse sous ombre de l'honnesteté, & qu'elle est variable, ce qui se verifie par infinis exemples. Or il y a trois passions qui nous font supporter les douleurs publiques, premierement la simulation, laquelle nous vestissons souuent par vne mauuaise ambition, mais la pluspart des hommes se pleignent plustost des maux priuez que publics, voilà pourquoy il faut cercher la principale cause de la douleur. Nous pleurons & lamantons les maux publics, nõ comme publics, mais d'autant qu'il y a vn danger priué conioint en ce lieu, ou bien vne crainte, & ne sert de rien d'amener en auant tout ce qu'on peut pour l'amour du pays, car il s'estend plus loin que le commun ne pense, ce n'est que la seule opinion qui le restraint, mais nostre douleur ne vient point de ce que nous voyons nostre pays troublé, car nostre malice se descouure aux maux d'autruy, nous aymons mieux nostre pays & semble que nous y soyons liez, comme de nature, ce qui se voit aussi aux animaux: mais cest amour que nous portons au pays, est mal voilé du nõ de pieté, car il ne faut point appeller la patrie du nom de nos parens, la

Cha. 8

Cha. 9

Cha 10

Cha. 11

L

pieté est envers Dieu & nos parés & la charité envers sa patrie, mais il l'a faut moderer & temperer, car elle nous vient de la coustume & nõ de la nature, c'est pourquoy nous aymons le pays, pource que nous auons en iceluy quelque chose qui est nostre, son origine vient d'vn amour priué, qui s'augmente par la coustume & par la loy, & ce a cause de la societé humaine: mais elle ne vient de la nature pour plusieurs raisons: la premiere quelle ne touche point egalement vn chacun, la secõde qu'il est facile de l'amoindrir ou plustost l'oster du tout, il ne faut poĩt s'amuser au pays particulier: car le lieu de nostre naissance, n'est pas nostre patrie, c'est quelque autre chose, il l'a faut toutefois defendre ciuilement mais non la deplorer, à

Cha. 12   la façõ des femmes ou en auoir compassion, laquelle ne doit point estre au sage, & ne cõuient point en tout à l'homme chrestien, il ne faut pas pourtãt exiler la misericorde: car

Cha. 13   il y a grande diference entre l'vn & l'autre, & leurs effects sont bien diuers: il faut cõbattre pour la constance & laisser la douleur publique, qui est vne chose sotte pour estre mise entre la passion, pource qu'elles ont prise sans aucun but & esperance, elle est pleine d'impieté pource qu'elle cõbat contre Dieu, la fortune n'est point és choses humaines

Cha. 14   c'est la diuine Prouidence de Dieu qui gouuerne tout l'immence capacité de laquelle a de grandes forces, c'est d'elle d'où vienẽt les maux: cela est indigne à l'homme de s'esleuer contre icelle dautant que toutes choses crees luy obeissent, cest esprit remply de diuinité, modere toutes choses, soit que nous le voulions ou non, cest pourquoy il luy faut volontairement obeir. De la il viet à l'autre argument qui est la necessité, dont la force est grande, & de deux sortes, a ce propos elle est nee & enracinee és choses mesmes pour ce que toutes choses sōt crees à changement, ce qu'il mōstre par plusieurs exemples tant celestes que terrestres, commençant par le ciel & l'air, par les eaux & la mer, par la terre, par ce moyen il y a combat entre les elemens, que s'ils perissent cōbien plus ce qui prouient d'eux: les grandes villes se ruinent, bref toutes choses sont suiectes a changement, suiuant cela il vient à l'autre necessité au respect du Destin, de laquelle le discours sera douteux, pource qu'on s'y peut tromper & pour y paruenir au commencement il prouue qu'il y a quelque necessité fatale & destinee, par ce lien indissoluble, que tous ont quelque notice, & cognoissāce du Destin, Homere poëte vrayement sage de tous les poëtes à esté le chef & capitaine au Destin que tous les autres escriuains ont suiuy: les Philosophes ont quasi tous conspiré contre le Destin, dont il y en a de trois sortes, celuy des Mathematiciens, le naturel, le violant & le vray, que cest que le Destin des Mathematiciens & son naturel: les Stoïques peut estre ont esté les plus sages entre tous les anciens sages, & comme il

Cha. 15

Cha. 16

Cha. 17

Cha. 18

L ij

Epitome

ont defini le Destin, en quoy peut estre on pourroit penser qu'ils ont failly, car ils semblent vouloir sous-mettre Dieu au Destin & oster toute la liberté humaine: mais ils n'ont pas du tout estimé cela, d'autant qu'ils abusent bien souuent du nō de Destin, entendāt par iceluy la Prouidence diuine, ou Dieu mesmement: de là entre en la loüange de la secte des Stoiciens, puis il monstre comme nous pouuons vser de ce mot de Destin, qu'il definit en deux sortes, premierement par vne definitiō simple, puis d'vne autre qui est plus ample exprimāt mieux la verité de la chose,

Cha. 19

il n'est semblable a la Prouidēce, car la Prouidence est consideree communemēt, le Destin par partie, celle la est en Dieu, l'autre és choses: par ainsi la Prouidence est meilleure que le Destin, qui ne viole point les choses, ains a en soy vn ordre & est astraint au lieu & au temps, & encores que le vray Destin semble estre meslé auec celuy des Stoiciens, il en est toutes-fois separé car nous tenons, que Dieu est par dessus le Destin, q̄ les causes ne sont point eternelles, que nous n'ostōs point ce qui peut aduenir, & en fin que nous permettons vne certaine liberté aux hómes, & pource que le feu est sous la cendre, il ne veut plus parler du Destin & dit qu'il ne faut point si fort esmouuoir cela, & que tout ce qui a esté dit doit estre appliqué à nostre profit, de la vient a vne obiection qu'on pourroit faire contre le Destin, laquelle il dissout monstrant que le Destin precede les causes

Cha. 20

Cha. 21

Cha. 22

moyennes, que les destins sont bons & mauuais, sans miracles, & par moyens accoustumez, & ne se faut pour cela tout incontinant desesperer côme s'y le destin nous estoit cõtraire ains faut essayer toute choses, mais auec iugement & discretion laquelle la prudence seule nous fournira: pour conclusion il donne vne generalle admonition à la Constance & pour la fin comment & pourquoy leur propos fut interrompu & differé.

Le iour ensuiuant, Langius le mena en son iardin & pour cest effect monstre le soin qu'il auoit apres ses iardins & comme il fut mené, quelle estoit sa beauté & plaisance sur cela entre en la loüange des iardins & que le soin d'en auoir est nay auec nous ; puis vient aux antiquités des labourages des iardins, & que de grãds personnages s'y sont adõnez, d'autãt qu'il y a vne volupté cachee en ce soin la qui ensorcelent nos esprits & nos sens, & ce tant pour la quãtité & varieté des fleurs, que couleurs & diuersité des odeurs : à ceste occasion il se moque de quelques vns curieux qui abusent des iardins a vanité & oysiueté, & monstre quel est leur vray vsage : d'autant qu'il n'est point en l'estimation des fleurs, mais au repos & a vn honneste relasche d'esprit : ils sont fort propres a nous destourner des soucis, & pour prendre l'air , & mesme anciennement les iardins estoient la maison des sages : d'autant qu'ils sont propres a mediter & composer, principalement pour l'exercice de la Sapience, par laquelle le che-

LIVRE II.
Cha. 1.

Cha. 2.

Cha. 3

EPITOME

min est ouuert à tous à la Cóstance, sur quoy il blasme le desir qu'on a des lettres & sciences, s'y la philosophie ny est conioincte, &
Cha. 4. nous exorte à suyure la sagesse, laquelle ne s'acquiert par le desir ains par y tascher, & monstre que le desir & ardeur d'apprendre est vne marque d'vn bon naturel en vne ieunesse: de là il retourne au propos de la Con-
Cha. 5. stance qu'il auoit delaissé, & faisant vn sommaire de tout ce qu'il en auoit dit cy dessus,
Cha. 6. vient à monstrer qu'il nous est vtile d'auoir des maux, que sa force est grande, que les maux publics sont bons, pource qu'ils viennent de Dieu, qui n'est sinon bien faisant & aydant, qui ne les enuoye point pour nous estre vne peine, ains pour vne medecine: les
Cha. 7. miseres donc sont bónes par ce que leur but est tousiours bon, dont il y en à deux sortes car les simples viennent de Dieu & les autres par la faute des hommes, és dernieres il y a du mal que Dieu toutesfois effacera en ce qui nous concerne, car il meine où il veut les hommes: tellemét que cela n'est pas inique, s'il nous chastie auec les autres ny aussi auec les pechez des autres: car il y a vne certaine cause de cela, & les meschans mesmes seruent à Dieu maugré eux: bref la fin des miseres est caché & incertain. Entre les certaines il y en a trois, la premiere pour nous exercer, ce qui nous profite
Chap. 8 en trois façons, en nous confirmant, es-
Chap. 9 prouuant, & conduisant. L'autre fin de nos miseres & pour nous chastier, lequel

chaſtiment nous oſte ou efface nos pechez, ou nº en deſtourne, c'eſt Dieu qui cognoiſſant nos maladies internes, nous enuoye les chaſtimens, voyla pourquoy c'eſt temerité de ſe plaindre de ceſte medecine qu'il nous donne: car il l'a ſçait adapter ſelon la varieté de nos eſprits, & ne ce faut r'apporter au iugemét que nous y apportons: d'autát qu'il eſt corrompu: la derniere fin de nos miſeres eſt pour nous punir, laquelle punition eſt amere, mais bonne & profitable au reſpect de Dieu & des hommes voire meſmes au reſpect de ceux qui ſont chaſtiez: car ce n'eſt point par vengeáce, il y a vne autre fin de nos miſeres qui eſt cómune & regardant l'Vniuers, c'eſt à ſçauoir pour l'orner & conſeruer: comme en toutes choſes creées principalemét les animees qui multipliét & ſurpaſſent, & ce s'il n'aduiét quelque grand accident: c'eſt pourquoy il eſt beſoing d'vn glaiue pour moiſſonner & cueillir, autremét le monde ne pourroit ſubſiſter duquel toutesfois Dieu a vn ſoing ſur toutes choſes: car les miſeres l'ornét & l'embeliſſent par vn certain changement & varieté és choſes, laquelle eſueille nos eſprits, & a ce nous deuons nous conſoler. De là par occaſion il vient au deuant de ce qu'on a accouſtumé de dire contre la Iuſtice diuine, d'autant que les peines ne ſont diſtribuees également, & enuers ceux qui le meritét, & monſtre que ceſte recherche eſt par deſſus

Cha. 10

Cha. 11

Cha. 12

Cha. 13

L iiij

EPITOME.

l'homme & coniointe a vn danger & dans laquelle nous ne voyons pas clair: mais qu'il nous faut sçauoir que tout ce que Dieu veut est bon, pource qu'il le veut: ceste simplicité & modestie luy est agreable, & deuons recognoistre sa iustice, laquelle nous blasmós & accusons par nostre ignorance, par ceste occasion il vient au deuant des trois obiections qu'on fait ordinairemēt contre la Iustice de Dieu: & premierement de ce que Dieu ne punit point les meschans, & monstre qu'il oublie les peines: mais qu'il ne les remet pas, qu'à ceste remise on ne luy sçauroit faire fraude, car il les oublie ou differe pour plusieurs raisons, la premiere est d'autant qu'il n'est point transporté du desir de vengeance: la seconde pource qu'il est tel de sa nature, s'il faut ainsi parler, la derniere

Cha. 14 est à cause qu'il est clement de son naturel, & tardif à la peine, à ceste occasiō il accompare la vie des meschās à vne Tragedie, declarāt qu'il y a plusieurs peines diuines, c'est à sçauoir internes apres la mort & externes, quelques vnes de celles cy aduiennent aux meschans, & principalemēt les internes qui poignēt & piquēt l'esprit & sont plus grādes, d'autant qu'elles viennent louuēt soubs

Cha 15 vne face & visage ioyeux. De là il vient aux peines apres la mort, desquelles les Theologiens peuuent particulierement discourir: mais quelque fois les externes marchēt deuant, lesquelles ne manquent gueres, & si ce n'est en leurs personnes au moins en leur race, ce qu'il môstre par plusieurs exemples comme par la vraye & miraculeuse punitiô de Dieu contre Denys le Tyran, de Iulles Cæsar & Marc Anthoine : concluant sur ce propos auec vne complainte de nos maux vient à la seconde calomnie qui est de ceux qui sont punis sans l'auoir merité, qui est vne vraye calomnie: car il n'y eut iamais hôme sans sans peché, & ne faut point mettre en auant vne egalité de faute, ou de peine, d'autât que l'homme n'est pas capable d'en iuger: côme celuy qui ne peut veoir l'esprit dont procede le peché ny la cause de la punition, qui ce fait quelquefois pour le bien de celuy qui est chastié, parquoy il en faut laisser le iugemét à celuy auquel on ne peut rien dissimuler ny faire accroire: & cela fait il met en auant la troisiesme calômie qui est des peines qui sont transferees, ce qui toutefois n'est point nouueau parmi les hômes, car tous les iours elles sont transferees, ce que Dieu fait tres-iustement: D'autant que nous auôs esté tous coulpables par la faute de nostre premier pere, parce aussi qu'il côioint & à deuant ses yeux la personne & le crime que nous separons, car les corps & communautez n'estant qu'vne chose deuât Dieu, il conioint aussi les temps qui sont separez, & en fin se retire de ce discours, d'autant qu'il ne peut estre entendu de nous. Et retourne au discours de la Constance, mon-

Cha. 16

Cha. 17

Cha. 18

EPITOME.

strant que la medecine de l'esprit se prent des lettres, & principalement des histoires:
Cha. 19 puis declare la legereté de nos maux si nous les examinons par raison: car la pauureté ne nous est point dure, ny les bannissemés aussi, ny la mort mesme, mais nous les aggrauons par nostre seule opinion: cela fait il in-
Cha. 20 terrompt son discours trop prolixe & par vne comparaison monstre qu'il n'y a rien de grief en ces maux, racontans les miseres fatales de la Flâdre, ou plustost de toute l'Europe, qui est preste à choir: car les querelles esmeuuent les maux, qui sont desia assoupis, & mesme vn chacun s'est plaint de son siecle, pource que nous sommes enclins à
Cha. 21 augmenter la douleur ou plustost pour la feindre, il commence sa comparaison des maux du passé, & ce par toutes les sortes de maux, & premierement de la guerre que les Iuifs en ont enduré en grande quantité qu'il
Cha. 22 raconte, & semblablemét les Grecs, les Romains & les Italiens, & non seulement les hommes, mais les villes: de façon que la ca-
Cha. 23 ptiuité estoit iadis amere & accôparee à la mort. De la il met en auant les plus grâdes pestes & famines du temps passé, & de la quantité des subsides, des cruautez & meurtres esmerueillables qui furent iadis des ty-
Cha. 24 rannies, l'origine desquelles vient de l'orgueil & cruauté de l'esprit humain: lesquel-
Cha. 25 les ne se voyent pas parmy les hommes seulement, mais aussi parmy les animaux, &

oppression à cause de la Religion qui a esté Ch1.
du temps passé c'est pourquoy il refute ceux
qui pensent que les miseres soient nouuelles & trop grandes, monstrant qu'elles ont
esté de tout temps par tout le monde: en fin Cha.2
il coclud son discours auec vne exhortation
à embrasser la Constance.

F I N.

www.ingramcontent.com/pod-product-compliance
Lightning Source LLC
Chambersburg PA
CBHW050330170426
43200CB00009BA/1527